企业高技能人才职业培训系列教材

社会体育指导员

五级

（太极拳）

编审委员会

主　　任　　仇朝东　沈富麟
委　　员　　顾卫东　葛恒双　葛　玮　孙兴旺　朱学雷　刘汉成
执行委员　　孙兴旺　瞿伟洁　李　晔　夏　莹

本书编审人员

主　　编　　黄忠达
副 主 编　　郭昌武　张家健
编　　者　　萧　晖　陈　澄　罗礼仲　于建峰　张文磊　曾　凯
主　　审　　彭少婕

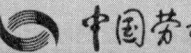

中国劳动社会保障出版社

图书在版编目(CIP)数据

社会体育指导员.太极拳:五级/人力资源和社会保障部教材办公室等组织编写.—北京:中国劳动社会保障出版社,2014

企业高技能人才职业培训系列教材

ISBN 978-7-5167-1502-4

Ⅰ.①社… Ⅱ.①人… Ⅲ.①全民体育-体育工作者-中国-职业培训-教材 ②太极拳-基本知识 Ⅳ.①G812.4②G852.11

中国版本图书馆 CIP 数据核字(2014)第 273714 号

中国劳动社会保障出版社出版发行

(北京市惠新东街1号 邮政编码:100029)

*

北京北苑印刷有限责任公司印刷装订 新华书店经销
787 毫米×1092 毫米 16 开本 10.5 印张 4.5 彩色印张 255 千字
2014 年 11 月第 1 版 2016 年 4 月第 2 次印刷
定价:42.00 元
读者服务部电话:(010)64929211/64921644/84626437
营销部电话:(010)64961894
出版社网址:http://www.class.com.cn

版权专有 侵权必究

如有印装差错,请与本社联系调换:(010)50948191
我社将与版权执法机关配合,大力打击盗印、销售和使用盗版图书活动,敬请广大读者协助举报,经查实将给予举报者奖励。
举报电话:(010)64954652

内容简介

本教材由人力资源和社会保障部教材办公室、中国就业培训技术指导中心上海分中心、上海市职业技能鉴定中心、上海体育职业学院、上海市体能协会、上海易星体育发展有限公司依据社会体育指导员（太极拳）（五级）职业技能鉴定细目组织编写。教材从强化培养操作技能、掌握实用技术的角度出发，较好地体现了当前最新的实用知识与操作技术，对于提高从业人员基本素质，掌握社会体育指导员（太极拳）（五级）的核心知识与技能有直接的帮助和指导作用。

本教材在编写中根据本职业的工作特点，以能力培养为根本出发点，采用模块化的编写方式。本教材内容共分为7章，主要包括：太极拳教练员执业基础，太极拳教练员自我管理，太极拳基本知识，太极拳五式、八式、十三式教学，太极拳文化交流，相关法律法规、太极拳教学基础英语等。

此外，有关太极拳五式教学、八式教学及部分定式要求的英语介绍可参见http：//www.class.com.cn，谨供太极拳教练员英语教学时参考。

本教材可作为社会体育指导员（太极拳）（五级）职业技能培训与鉴定考核教材，也可供本职业从业人员培训使用，全国中、高等职业技术院校相关专业师生也可以参考使用。

前言

企业技能人才是我国人才队伍的重要组成部分，是推动经济社会发展的重要力量。加强企业技能人才队伍建设，是增强企业核心竞争力、推动产业转型升级和提升企业创新能力的内在要求，是加快经济发展方式转变、促进产业结构调整的有效手段，是劳动者实现素质就业、稳定就业、体面就业的重要途径，也是深入实施人才强国战略和科教兴国战略、建设人力资源强国的重要内容。

国务院办公厅在《关于加强企业技能人才队伍建设的意见》中指出，当前和今后一个时期，企业技能人才队伍建设的主要任务是：充分发挥企业主体作用，健全企业职工培训制度，完善企业技能人才培养、评价和激励的政策措施，建设技能精湛、素质优良、结构合理的企业技能人才队伍，在企业中初步形成初级、中级、高级技能劳动者队伍梯次发展和比例结构基本合理的格局，使技能人才规模、结构、素质更好地满足产业结构优化升级和企业发展需求。

高技能人才是企业技术工人队伍的核心骨干和优秀代表，在加快产业优化升级、推动技术创新和科技成果转化等方面具有不可替代的重要作用。为促进高技能人才培训、评价、使用、激励等各项工作的开展，上海市人力资源和社会保障局在推进企业高技能人才培训资源优化配置、完善高技能人才考核评价体系等方面做了积极的探索和尝试，积累了丰富而宝贵的经验。企业高技能人才培养的主要目标是三级（高级）、二级（技师）、一级（高级技师）等，考虑到企业高技能人才培养的实际情况，除一部分在岗培养并已达到高技能人才水平外，还有较大一批人员需要从基础技能水平培养起。为此，上海市将企业特有职业的五级（初级）、四级（中级）作为高技能人才培养的基础阶段一并列入企业高技能人才培养评价工作的总体框架内，以此进一步加大企业高技能人才培养工作力度，提高企业高技能人才培养效果，更好地实现高技能人才

培养的总体目标。

为配合上海市企业高技能人才培养评价工作的开展,人力资源和社会保障部教材办公室、中国就业培训技术指导中心上海分中心、上海市职业技能鉴定中心联合组织有关行业和企业的专家、技术人员,共同编写了企业高技能人才职业培训系列教材。本教材是系列教材中的一种,由上海易星体育发展有限公司负责具体编写工作。

企业高技能人才职业培训系列教材聘请上海市相关行业和企业的专家参与教材编审工作,以"能力本位"为指导思想,以先进性、实用性、适用性为编写原则,内容涵盖该职业的职业功能、工作内容的技能要求和专业知识要求,并结合企业生产和技能人才培养的实际需求,充分反映了当前从事职业活动所需要的核心知识与技能。教材可为全国其他省、市、自治区开展企业高技能人才培养工作,以及相关职业培训和鉴定考核提供借鉴或参考。

新教材的编写是一项探索性工作,由于时间紧迫,不足之处在所难免,欢迎各使用单位及个人对教材提出宝贵意见和建议,以便教材修订时补充更正。

企业高技能人才职业培训系列教材

编审委员会

序言

20世纪90年代,我开始下海经商,经营日渐上了轨道,但逐渐感觉身体透支严重,于是去医院检查,发现原来健壮的身体,心脏和血压都亮起了红灯,起先几天有点紧张,但很快和许多人一样就不把它放在心上了。直到有一天外出办事,碰巧车坏了,因为路不远,就向同事借了一辆自行车,没想到才骑行了十分钟,大腿就非常酸胀,大汗淋漓,气喘不止,恨不得把车扔在路边直接打车走,但因为是同事的自行车,所以硬撑着骑完。那以后,我便感到深深的恐惧,因为在我这个年纪,感觉自己的身体肩负着整个家庭,所以决定放一下手上的生意,开始真正关注自身的健康。再三考虑,觉得这个年龄不适合再做剧烈的运动,便决定选择太极拳来强身健体。

找遍了整个上海,居然没有一家太极拳馆,其他像样的场馆都是经营外来的跆拳道、空手道、瑜珈等,而太极拳只有老人们在公园里练习。于是,我来到公园里学习,我发现几乎没有老师能讲解经典拳论中提到的中医经络骨骼学说以及"差之毫厘,谬以千里"、节节贯穿、不丢不顶、四两拨千斤等太极拳特点,也没有人能用动作来验证太极拳经典理论,太极拳的传授几乎是公说公有理,婆说婆有理,没有统一的动作标准,缺乏相应的科学理论依据。为了学到真正的太极拳,我遍访名师,经历十数年,将中医经络骨骼学说和太极拳经典理论加以结合,不余遗力地探索太极拳理,终于初窥太极拳的精髓。

2011年8月23日,在上海市人力资源和社会保障局的领导下,上海地区相关专家组成研发工作组,根据社会体育指导员国家职业标准,开发了太极拳方向的培养评价项目。我有幸参与其中,并见证了项目从立项到评审通过的全过程。之后历时近3年,社会体育指导员(太极拳)五级、四级、三级的培训考核体系日臻完善,这使太极拳的练习和教学变得有据可依、有典可循,每个动作都有明确的方位要求,每一处、每

一动都有具体规范标准,加之可检验的教学模式,太极拳练习改变了以往凭感觉、凭观察、凭印象来记忆动作的方法。

2014年4月14日,首次社会体育指导员(太极拳)职业技能鉴定在上海体育职业学院进行,国内首批持有职业资格证书的太极拳教练出炉。这意味着太极拳行业的学习开始逐步摆脱以往随意性强、标准各异的状况,太极拳行业有了统一的规范,系统化、科学化的标准,这从根本上提高了太极拳的学习的效果及养生功效,为太极拳行业健康有序的发展奠定了坚实的基础。而本教材的出版,对于培养太极拳教练人才是具有积极意义的。

2013年10月,国务院印发《国务院关于促进健康服务业发展的若干意见》【国发(2013)40号】,其中明确指出要不断优化健康服务业发展环境,建立健全健康服务业政策和法规体系,科学完善行业规范和行业标准,更加有效地进行健康服务行业的管理和监督,旨在大力推进体育产业标准化。太极拳作为中华民族的国粹,既是中华优秀传统文化,也是养生瑰宝,属于健康服务业,其发展也必须具有健全的行业规范和标准。只有标准化的发展,才能真正实现有效的复制,更好地传承太极拳,弘扬国粹,利益大众。

20世纪中叶,日本人将中国少林的武术基本功摇身一变创立了空手道,制定了标准后,在全世界推广;韩国人将中华武术的腿法摇身一变创立了跆拳道,制定了标准后,如今在全球也形成了产业链。而中国的国粹太极拳却大部分却只能在公园内传播,变成了老年人的专利,甚为可惜。因此我辈不遗余力,为太极拳实现标准化、产业化的发展付出绵薄之力!

黄忠达

第 1 章　太极拳教练员执业基础　　PAGE 1

1.1 太极拳教练员简介 ……………………………………………………… 3
1.1.1 太极拳教练员概述 ……………………………………………… 3
1.1.2 太极拳教练员的任职条件 ……………………………………… 4
1.1.3 建立职业资格证书制度的意义 ………………………………… 5
1.2 太极拳教练员的基本素养 ……………………………………………… 6
1.2.1 太极拳教练员的职业道德 ……………………………………… 6
1.2.2 太极拳教练员的职业态度 ……………………………………… 7
1.2.3 太极拳教练员的团队精神 ……………………………………… 9
1.3 太极拳教练员的基本能力 ……………………………………………… 11
1.3.1 太极拳基础理论知识 …………………………………………… 11
1.3.2 太极拳技能实践知识 …………………………………………… 11
1.3.3 太极拳教练工作能力 …………………………………………… 11

第 2 章　太极拳教练员自我管理　　PAGE 15

2.1 太极拳教练员自我形象管理 …………………………………………… 17
2.1.1 太极拳教练员的形象塑造 ……………………………………… 17
2.1.2 太极拳教练员日常行为规范 …………………………………… 19
2.2 太极拳教练员自我教学管理 …………………………………………… 20
2.2.1 太极拳教练员的授课流程 ……………………………………… 20
2.2.2 太极拳教练员的语言应用技巧 ………………………………… 20

第 3 章　太极拳基础知识　　PAGE 23

3.1 太极拳概论 ……………………………………………………………… 25
3.1.1 太极拳的发展历史和现状 ……………………………………… 25

I

3.1.2 太极拳的基本概念 ························· 32

3.2 太极拳的理论体系 ····························· 36
    3.2.1 太极拳的六大理论体系概述 ············· 36
    3.2.2 准确拳架与节节贯穿 ··················· 37

3.3 太极拳初级习练方法 ·························· 39
    3.3.1 熟练套路、明确定势 ··················· 40
    3.3.2 调整姿势、理解放松 ··················· 40

3.4 太极拳经典理论 ······························· 42
    3.4.1 《太极拳论》 ························· 42
    3.4.2 太极拳内气 ··························· 43
    3.4.3 太极拳推手 ··························· 45

3.5 太极拳相关文化 ······························· 47
    3.5.1 太极文化和《易经》 ··················· 47
    3.5.2 太极拳与哲学 ························· 50
    3.5.3 太极拳的养生思想和养生功效 ··········· 52
    3.5.4 太极拳与中医基础 ····················· 57
    3.5.5 太极拳与人体运动学基础 ··············· 61

第4章　太极拳五式、八式、十三式教学　　PAGE 69

4.1 太极拳五式、八式、十三式培训内容 ··········· 71
    4.1.1 五式的线路口诀和定式要求 ············· 71
    4.1.2 八式的线路口诀和定式要求 ············· 84
    4.1.3 十三式的线路口诀和定式要求 ··········· 112

4.2 太极拳五式、八式、十三式技术要求 ··········· 142
    4.2.1 拳架要求 ····························· 142
    4.2.2 规定动作要求 ························· 142
    4.2.3 推手要求 ····························· 143
    4.2.4 定步单推手的要点 ····················· 144

4.3 太极拳五式、八式、十三式教学要求 ··········· 144
    4.3.1 教学中常见问题的解答 ················· 145
    4.3.2 纠正学员拳架中定式动作的不足 ········· 147

第5章　太极拳文化交流　　PAGE 149

5.1 太极拳推广体验活动　151
5.1.1 太极拳推广体验活动概述　151
5.1.2 太极拳推广体验活动的流程和规范　152
5.2 推广体验活动中的太极拳表演　157
5.2.1 太极拳表演概述　157
5.2.2 太极拳表演的构成要素　158
5.2.3 太极拳表演的技巧　159

第6章　相关法律法规　　PAGE 163

6.1 体育法制　165
6.1.1 体育法制的含义与加强体育法制的意义　165
6.1.2 我国的社会体育法制建设　166
6.1.3 我国现行社会体育法制的主要内容　167
6.1.4 社会体育工作的有关法规知识　168
6.2 社会体育指导员职业资格证书制度和政策法规体系　174

第7章　太极拳教学基础英语　　PAGE 181

7.1 词汇 Vocabulary　183
7.1.1 了解　183
7.1.2 重点　187
7.1.3 难点　191
7.2 课堂英语 Classroom English　191
7.2.1 太极拳套路名称 Names of Taijiquan　191
7.2.2 授课流程 Teaching Process　192
7.3 太极拳理论体系 The theory system of Taijiquan　194
7.3.1 太极拳的五个基本判断标准 Five basic judgment standards for Taijiquan　194

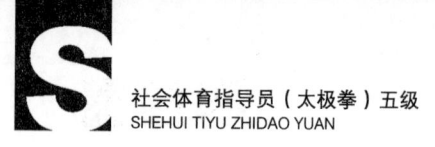

	7.3.2	太极拳六大理论体系 Six theory system of Taijiquan	194
	7.3.3	王宗岳《太极拳论》On Taijiquan	194
7.4	太极文化 Tai Chi Culture		196
	7.4.1	太极文化介绍 Tai Chi Culture introduction	196
	7.4.2	课外读物 Reading Materials	200

理论知识考试模拟试卷及答案　　PAGE 205

操作技能考核模拟试卷　　PAGE 216

第 1 章

太极拳教练员执业基础

1.1 太极拳教练员简介

1.2 太极拳教练员的基本素养

1.3 太极拳教练员的基本能力

本章提要

本章介绍了太极拳教练员的概念、任职条件以及建立职业资格证书制度的意义,同时介绍了太极拳教练员所需要的基本素养和基本能力。

1.1 太极拳教练员简介

1.1.1 太极拳教练员概述

在中华人民共和国成立之初，党和国家领导人就开始倡导在全国范围内推行太极拳这项具有民族特色的体育项目。20 世纪 70 年代，我国改革开放的总设计师邓小平就高度赞美太极拳，认为其开合有序、刚柔相济，动若"行云流水、连绵不断"，既自然又高雅，还可提高免疫力，防病于未然，延缓衰老，并于 1978 年 11 月 16 日亲笔挥毫写下"太极拳好"四个大字。1980 年，仅北京一地就建立了 140 多处太极拳辅导站，培训 4 万多人次。太极拳是辩证的理论与武术、艺术和引导术完美结合的国粹文化，全国各地都越来越重视太极拳的传承和发展，其中太极拳的规范化发展问题以及太极拳对于全民健康的促进作用尤其受到关注。

在现代社会中，养生保健运动已成为人类身体健康和生活幸福的重要和必需的组成部分。人们都意识到，科学规范的养生保健运动在改善健康、提高生活质量以及疾病的预防和康复方面都具有非常积极的作用。据统计，已经有两百多个国家约 1.5 亿人选择太极拳运动作为养生项目。虽然太极拳这项运动的养生健身价值早已为人们认可，但太极拳教练员的水平良莠不齐，缺乏科学的太极拳理论指导，这对于广大太极拳爱好者规范学习而言，是极为不利的。

很多太极拳练习者对专业教练指导的重要性往往认识不够。现在很多教授太极拳的人，基本上都没有经过系统规范的训练，练拳随心所欲，无法按照拳术本身的标准习拳。这些没有规范化的练习者，练习时间长了，便成为别人的"老师"和"教练"，形成太极拳传播中的恶性循环。

本教材将指导人们通过科学化、标准化的太极拳练习，达到身体健康、技能达标目的的专业人员，称为社会体育指导员（太极拳），也称为太极拳教练员。目前社会体育指导员（太极拳）国家职业资格分为五级、四级和三级。

社会体育指导员（太极拳）职业资格证书是国家对从事太极拳教学人员的专业学识、技术、能力的认可，是求职、任职和单位录用的主要依据。2011年8月社会体育指导员（太极拳）职业项目开发通过了国家专家评审委员会评审，使太极拳的练习和教学开始有据可循、有典可依，使太极拳的拳架真正结合了太极拳经典理论，让每个动作都有明确的方位要求和具体的规范标准，加之可检验的教学模式，改变了以往凭感觉、凭观察、凭印象来记忆动作的练习方法。太极拳教练员的学习逐步开始摆脱了以往随意性强、标准各异的格局。统一的规范和系统化、科学化的标准，从根本上提高了太极拳的学习效果，为太极拳行业健康有序的发展奠定了坚实的基础。

1.1.2 太极拳教练员的任职条件

太极拳教练员的职责是指导、监督和帮助学员以最佳的方式进行科学规范的太极拳练习，以达到应有的健身和技术目标。

对于太极拳教练员而言，保证学员的安全是首位的，安全工作应贯穿于太极拳教学的全过程。太极拳教练员在指导学员进行太极拳练习前，首先要对学员的身体状况做调查评估，全面了解学员的健康状况和疾患史，从而根据具体情况进行有针对性的教学，特别要注意一些可能导致突发事件的疾病，如心脏病、脑血栓等。如果学员存在严重的疾患突发的风险，应该建议其先进行医学检查，在医生的建议下合理安排太极拳练习。在此基础上，太极拳教练员可根据学员的健康水平、学拳基础水平以及学拳目的等为其制订科学的学拳计划。

在学员学拳过程中，太极拳教练员应该对每一位学员进行指导、监督，并通过科学标准、高效有趣的锻炼课程，帮助学员实现其学拳目标。

太极拳教练员的任职条件是指完成相应岗位工作所需要的最低要求，主要体现在岗位职责和岗位要求两个方面。

1. 岗位职责

（1）热忱于传播中国优秀传统文化和太极拳运动。

（2）推广符合现代人的健康生活方式。

（3）为学员提供标准化的教学指导。

（4）积极参加太极拳推广活动。

2. 岗位要求

（1）热爱生活，对太极拳行业发展充满信心，对推广健康生活方式有使命感和责任感。

（2）待人热情、耐心，愿意与人分享交流太极拳文化。

（3）勤奋好学，学习能力及适应能力强。

（4）具备良好的服务意识。

（5）需要有良好的个人形象。

1.1.3 建立职业资格证书制度的意义

职业资格是对从事某一职业所必需的学识、技术和能力的基本要求。社会体育指导员（太极拳）职业资格证书是国家对太极拳教练员专业知识、技术和技能的认可，是求职、任职、独立开业和单位录用的主要依据。建立社会体育指导员（太极拳）职业资格证书制度，体现了我国对传统体育资源的重视和关注，是规范传统太极拳教学市场的必要措施。建立和推行社会体育指导员（太极拳）职业资格证书制度具有以下重大意义：

1. 从长远上促进太极拳的传承和发展

太极拳自创立以来，始终遵循传统的授拳、练拳模式，这在当时的社会环境下是十分合适的。但随着社会的进步和经济的发展以及人们生活习惯和观念的转变，太极拳在近代的传承和发展逐渐开始令人担忧。太极拳成了"老年拳"，成了公园里老年人舒缓的"太极操"；热门的太极拳比赛，考核的标准却是长拳、体操和舞蹈的标准，不追求展示太极拳的真正内涵，却一味追求观赏性和难度系数；又由于动作缺乏统一的衡量标准，缺少对科学理论依据的验证，导致了"十位大师，十种拳架"，各说各有理，而太极拳练习者在选择老师的时候也无所适从，往往只选"名师"却不辨"明师"。

社会体育指导员（太极拳）职业资格证书制度的确立，意味着太极拳的传承和学习模式摆脱了以往随意性强、标准各异的特点，有了统一的教学衡量标准。系统化、科学化的教学标准，从根本上提高了太极拳的学习效果和锻炼效果，从长远上促进太极拳的传承和发展。

2. 促进太极拳教练员职业化的发展

社会体育指导员（太极拳）职业资格证书制度，更加系统地强化了太极拳教练员的专业理论、专业技能的培训和考核，填补了我国在社会体育人才培养中太极拳教练员这一领域的空白。此外，它为我国太极拳教练员的培养明确了标准，具有权威性高、推广速度快、容易集中统一管理的特点，使得不同层次的太极拳教练员都能得到不断提高，为太极拳教练员开辟了一条职业化成才的道路。

3. 提高太极拳教练员的专业能力和地位

职业资格证书是社会体育指导员（太极拳）知识和技能的证明，推行社会体育指导员（太极拳）职业资格证书制度，能够引导太极拳教练员进一步注重专业学习和培训，注重提高自身素质，从而有利于太极拳教练员职业从业者整体素质和社会地位的提高。

4. 有利于体育行政部门加强对太极拳行业的管理

实行社会体育指导员（太极拳）职业资格证书制度，可以给体育行政部门提供一个管理太极拳教学和传播机构的有效手段，指导太极拳教练员的培训和就业，更好地维护太极拳教练员和教学机构的正当权益，防止市场欺诈和其他违法行为的发生。

1.2 太极拳教练员的基本素养

太极拳教练员的基本素养是做好太极拳教练员职业工作的基础和条件。根据工作特点和工作职责，太极拳教练员的基本素养主要包含职业道德、职业态度和团队精神三方面的内容。

1.2.1 太极拳教练员的职业道德

1. 职业道德的概述

职业道德，是指与从业者的职业活动紧密联系的，符合职业特点所要求的道德准则、道德情操与道德品质的总和，即一般社会道德在职业生活中的具体体现，是职业品德、职业纪律、专业胜任能力及职业责任等方面的总称，属于自律范围。它通过公约、守则等对职业生活中的某些方面加以规范，它既是对本职业从业人员在职业活动中的行为要求，同时又是该职业对社会所负的道德责任与义务。

2. 太极拳教练员的职业道德内容

（1）热爱太极拳事业。作为传承国粹、弘扬太极拳文化先行者，热爱太极拳事业是太极拳教练员做好本职工作和履行其他道德义务的前提，也是引导太极拳教练员热爱本职工作、建立职业情感的基础。太极拳教练员要培养出热爱太极拳事业的情感，必须要充分认识到太极拳的作用，进而形成敬业意识，热爱并做好本职工作。同时，太极拳教练员要对太极拳事业的本职工作充满自豪感，并通过努力工作、积极奉献来达到内心的满足感，形成以从事太极拳教练员工作为乐、为荣的爱岗敬业精神。

（2）认真教学，尽职尽责。这一内容与太极拳教练员的工作态度和工作质量有直接关系。认真教学，主要是指对待学员应持主动、热情、耐心的态度，应以自己的专业技能和专业素养为学员提供满意的服务；尽职尽责，是指太极拳教练员应认真履行自己的职责，为学员尽到自己的责任和义务。

（3）坚持科学文明，实事求是。坚持科学文明，实事求是，不宣扬封建迷信，这是关系到太极拳运动的性质和方向的道德规范。太极拳教练员在工作中，应尊重体育科学，遵循客观规律，大力宣传和运用体育科学，掌握科学指导方法与技能。同时，太极拳教练员还应注重自身思想品德和文明情操的修养。

（4）勤学苦练，积极进取。这一规范体现了太极拳教练员的职业操守和上进精神。它与太极拳教练员教学水平的高低、工作能力的强弱和服务质量的优劣有直接关系。太极拳教练员应不断提高拳架技术功力和专业理论水平，注重理论联系实际、理论指导实践，在工作中锻炼和提高专业技术能力，勤于思考、总结和积累，积极进取。

（5）谦和尊重，团结协作。这一内容是协调太极拳教练员与学员之间、教练员与教练员之间，以及教练员与其他专业人员之间关系的道德规范。太极拳教练员首先应尊重学员，在言语和行为上要尽量谦和有礼，与学员建立亦师亦友的良性关系。同时，太极拳教练员还应尊重同行业相关人员，培养团结协作的意识。

1.2.2 太极拳教练员的职业态度

在太极拳教学行业中，教练员竞争力的高低不仅取决于教学水平和能力，更与职业态度密不可分。一个太极拳教练员的职业态度直接决定了他的教学行为，决定了他对工作是否尽心尽力，是否积极进取。所以，良好的职业态度，对于提高太极拳教练员的基本素养是十分必要的。良好的职业态度主要包括：

1. 阳光心态

阳光心态能让人心境良好、人际关系正常、适应环境和力所能及改变环境的能力增强、人格健康等。作为一名太极拳教练员，应该保持以下几种阳光的心态：热爱太极拳，乐于奉献；热忱服务，尽职尽责；钻研业务，勤于进取；尊重学员，积极沟通等。

保持阳光心态的几大要素：

（1）要勇敢。勇敢地面对生活和工作中的挫折与困难，不畏惧、不退缩，积极寻找解决问题的办法，力求战胜困难。

（2）要有目标。为人生、为事业、为家人制定切实可行的长、短期目标。对于简单易行的事情，可作为短期目标；对于难度较大、用时较长的事情，可作为长期目标来分步实现。树立合理的目标，并不断地实现目标，人生态度才能保持积极向上。

（3）要有责任心。责任包括对自己、对家人、对集体和对国家及社会的责任。责任心，是认真负责地做好太极拳教学工作的基础，它关乎教学质量的好坏。一名太极拳教练员，只有具有责任心，才能以积极进取的态度对待生活和工作中的每一件事，自觉地承担责任、履行义务。它是人格健全、家庭和睦、社会安定的保障。

（4）要有自信心。自信心是太极拳教练员对自己是否能成功完成一件事情的信任程度，是对自我价值的肯定，也是保持昂扬斗志的前提。一个人成功与否，很大程度上取决于是否具有自信心。一旦有了自信心，人就会产生一种毫无畏惧的感觉，一些难题也会迎刃而解。

（5）要懂得调节情绪。人生的道路不可能一帆风顺，在生活和工作中，总会遇到一些不如意的事情，从而让人产生负面的情绪。负面情绪一旦带入其他事务中，就会严重影响事情的发展态势。因此，作为一名太极拳教练员，要懂得及时调节自己的负面情绪，不能将其带入教学中。

2. 共赢心态

共赢心态，就是双方共同实现获益。作为一名太极拳教练员，要以共赢的心态与同事和学员相处，不贪图一时的小利，在关注自己利益的同时，也要关注他人的利益，这是人与人和谐相处的一种境界。每个人要想取得成功，就必须把别人的利益看得与自己的利益同样重要。只有这样，同事与同事之间、教练员与学员之间，才能都获得最大的收益。

3. 空杯心态

空杯心态，是指一个装满水的杯子很难接纳新东西，因此要将心里的杯子倒空，将自己所重视的、在乎的很多东西以及曾经的辉煌从心态上彻底清空。这是每一个想在职场发展的人所必须拥有的最重要的心态。

太极拳教练员队伍中，很多人有武术基础，但要想把这一职业统一化、规范化，教练员就必须以空杯的心态来接受培训，改变自己的心态，放下曾经的荣誉与成就。

4. 主人翁心态

主人翁心态是一种使命感、责任心、事业心。树立主人翁心态，就应该具备从大处着眼、小处着手的工作精神，对教学效率、效果、质量、成本、品牌等方面持续地关注，培养尽心尽力的工作态度。

1.2.3 太极拳教练员的团队精神

管理学家罗宾斯说，团队就是由两个或者两个以上的，相互作用、相互依赖的个体，为了特定目标而按照一定的规则结合在一起的组织。

现代管理学中，一般将团队的构成要素总结为目标、人、定位、权限、计划五大要素。

太极拳教练员团队是由教练员和管理层以及教学目标、教学人员、教练员团队定位、教练员团队的权限和教练员团队的计划组成的一个共同体，它合理利用每一个成员的知识和技能协同工作，解决问题，达到共同的目标。

1. 教学目标

教学目标的作用是为团队成员导航，没有目标的团队就没有存在的价值。教练员团队在制定目标时，要分长期目标和短期目标，短期目标作为实现长期目标的手段，通过一个个短期目标的完成来实现长期目标。长期目标要从宏观把握，目标既要有意义、有价值，又要具有实现的可能性；短期目标要切实可行，通过努力就可以做到。

太极拳教练员团队应该有一个既定的目标，也就是传承和发扬太极拳文化，让太极拳更好地服务大众。具体来说，就是要提供最好的服务，不断提高教学质量，让学员学有所得。

2. 教学人员

太极拳教练员是构成太极拳教学团队最核心的力量。两个（包含两个）以上的教练员就可以构成团队。教学目标是通过教练员具体实现的，所以教练员的选择是教学团队中非常重要的一个部分。在一个教学团队中可能需要有人出主意，有人定计划，有人实施，有人协调不同的人一起去工作，还有人去监督团队工作的进展，评价团队最终的贡献。不同的人通过分工来共同完成团队的目标，在人员选择方面要考虑教练员的教学能力的强弱，教学技能是否互补，教学经验的多寡。

团队合作往往能激发出团体不可思议的潜力，集体协作干出的成果往往能超过成员个人业绩的总和。正所谓"同心山成玉，协力土变金"。其实教练员团队精神的重要性，在于个人、团体力量的体现，小溪只能泛起破碎的浪花，百川纳海才能激发惊涛骇浪，个人与团队关系就如小溪与大海。每个人都要将自己融入集体，才能充分发挥个人的作用。教练员团队精神的核心就是协同合作。总之，团队精神对任何一个组织来讲都是不可缺少的。一根筷子容易弯，十根筷子折不断，这就是团队精神重要性的直观表现。

3. 教练员团队的定位

太极拳教练员团队是太极拳和太极拳文化的载体，也是在整个太极拳传播活动中最重要的主体之一。在一定程度上，太极拳教练员团队是技术核心，关系到整个团队的发展顺利与否，因此，明确教练员团队的定位十分重要。

明确定位，就是要明确教练员团队的服务群体和服务方式。可以将团队定位为高端型团队，服务于精英阶层和企业白领；也可以将团队定位为大众型团队，服务于普通大众。定位不同，教学的方式也要相应做出调整。

4. 教练员团队的权限

教练员团队具有完善教学计划以及教学方式，以便优化教学质量，达到教学目标的权限；教练员团队具备教学研发能力，具有完善教学内容及教学模式的权限；教练员团队具有宣传太极文化和普及太极拳养生知识的权限。

5. 教练员团队的计划

（1）计划的两层含义

1）制订计划。目标最终的实现，需要一系列具体的行动方案，可以把计划理解成实现目标的具体工作程序。

2）执行计划。提前按计划进行可以保证教练员团队的顺利进度。只有在计划的指导下教练员团队才会一步一步地贴近目标、实现目标。成功的教练员团队赢在执行。

（2）计划的内容。包括团队发展和教学内容两点。

1）团队发展的计划。团队发展计划是指对教练员团队的未来发展做出具体、可实施的计划，指导团队工作，明确每一位教练员的职能与义务，并根据团队发展的需要，对人员架构、工作内容等做出相应调整。

2）教学内容的计划。教学内容计划指针对团队服务的对象，确定教学的内容，并做出科学的教学计划。

对于太极拳教练员团队来说，管理者有了决策，但因计划脱离了实际，无法执行，最终也只能是一纸空谈。因此，在要求教练员执行决策之前，管理者首先要根据本团队的实际做出科学决策，保证计划切实可行。

1.3 太极拳教练员的基本能力

太极拳教练员既需要具备丰富的中国传统文化方面的知识，又要具备专业的太极拳理论知识，更要全面理解太极拳本身的内涵和精髓，精通太极拳技术，以便在教学上能深入浅出地解决各类教学问题。

1.3.1 太极拳基础理论知识

太极拳的基础理论知识包括太极拳的养生原理、太极拳的练习方法和教学方法、太极拳的理论体系，太极拳推手等。

作为一名合格的职业太极拳教练员需要掌握的不仅是太极拳套路和一些零散的太极拳理论，更需要了解太极拳目前的发展情况和市场发展情况，以及与太极拳行业相关的国家政策和制度。

传统太极文化璀璨夺目，太极思想始终贯穿着中华文明，影响着传统文化各个流派，作为一名太极拳教练员必须深入学习太极文化，认真学习基本的国学理论知识，并且充分运用理论来指导实践。太极拳教练员不仅是拳术的载体，更是中国优秀传统文化的传播者和践行者。

此外，由于运动健身风靡城市的各个角落，科学运动的概念不断影响着健身养生市场，太极拳教练员也要与时俱进，积极吸取一些运动科学的理论知识为自己的教学所用，其中包括运动解剖学、运动生理学、营养学、中医养生学等。

1.3.2 太极拳技能实践知识

太极拳教练员技能实践水平的高低直接决定其教学质量的好坏。

实践知识包括准确定式，线路口诀和课堂纠正指导能力。

太极拳教练员是以教授太极拳为主要职责的，必须有足够强大的技术做基础，并且能够根据学员的具体身体状况因材施教，合理调配运动量。

1.3.3 太极拳教练工作能力

太极拳教练员是太极拳文化的继承者和传播者，在国际上更是东方文化的传播使者。在教学上必须具备很强的教学能力和沟通能力。

1. 教学能力

太极拳教练员的教学能力必须依赖于强大的技术作为基础,从专业角度对学员因材施教,达到相应的课程目标。

2. 沟通能力

沟通能力是指太极拳教练员通过与学员的交流,得到学员的认可并建立良好关系的能力。沟通能力是太极拳教练员必备的能力之一,在教学中起到了举足轻重的作用。

3. 情绪管理能力

太极拳教练员要善于掌控自我、调节情绪,能够处理课堂上的突发事件,并能以乐观的态度、幽默的情趣及时调节紧张的课堂气氛。

本章测试题

一、判断题(请将判断结果填在题后的括号中,正确的填"√",错误的填"×")

1. 职业化就是一种工作态度的标准化、规范化和制度化。　　　　(　　)

2. 优秀的太极拳教练员,应当积极主动参加各种太极拳比赛,并取得名次。

(　　)

3. 太极拳获奖证书是国家对该从事人员的专业学识、技术、能力的认可,是求职、任职和单位录用的主要依据。　　　　　　　　　　　　　(　　)

4. 团队是由员工和管理层组成的一个共同体,它合理利用每一个成员的知识和技能协同工作,解决问题,达到共同的目标。　　　　　　　　　(　　)

二、单项选择题(选择一个正确的答案,将相应的字母填入题内的括号中)

1. 作为一个新兴职业,社会体育指导员(太极拳)职业项目开发在_____通过了国家专家评审委员会评审。

　　A. 1991 年　　　　B. 1998 年　　　　C. 2011 年　　　　D. 2014 年

2. _____符合太极拳教练员的任职条件。

　　A. 有良好的太极拳功底　　　　　　B. 能系统地掌握太极拳理论

　　C. 既会打拳,又懂理论　　　　　　D. 通过了太极拳教练员职业资格考试

3. 虽然太极拳运动已经风靡全球,但对多数人而言花费大量时间和精力,却未能进入太极拳之门,最主要的原因是_____。

　　A. 没有良好的身体基础　　　　　　B. 缺乏科学理论依据的论证和指导

　　C. 太极拳的核心精髓已经失传　　　D. 太极拳教练员太少

4. 下列选项中不属于教练团队权限的是_____。

A. 完善教学内容　　　　　　　　B. 普及太极拳养生知识

C. 对团队的管理做出科学决策　　D. 宣传太极拳文化

三、简答题

1. 简述建立社会体育指导员（太极拳）职业资格证书制度的意义。
2. 简述太极拳教练员应该具备哪些素质。
3. 简述太极拳教练员的任职条件。

第 2 章

太极拳教练员自我管理

2.1　太极拳教练员自我形象管理

2.2　太极拳教练员自我教学管理

本章提要

　　作为一名太极拳教练员，进行适当的自我管理是十分必要的。

　　本章就太极拳教练员进行自我管理所涵盖的两个方面进行了阐述，其中包括了形象塑造、日常行为规范、授课流程和教学中的语言运用技巧。

在现代管理学中，自我管理是指对自己的目标、思想、心理和行为等各方面表现进行的管理，自己把自己组织起来，进行自我评估、自我激励、自我完善等，进而完成自我奋斗目标的一个过程。自我管理是迈向成功的内在驱动力，是企业与个人共同成长的持续动力。

2.1 太极拳教练员自我形象管理

自我形象包含了人本身及其与之相关的人、事、物所传递出来的信息，通过他人经由各种渠道接触到，再借由视觉、听觉、嗅觉、触觉接收后，在脑中经个人价值判断所形成的综合性观感。可以用七个字表示就是"他人眼中的自己"，即别人怎么看自己。

太极拳教练员自我形象管理包括形象塑造和日常行为规范。

2.1.1 太极拳教练员的形象塑造

太极拳教练员在教学过程中不仅是在传递太极拳知识，更重要的是通过自身形象进行一种潜移默化的教学影响。通过不断地提高太极拳教练员的形象、增强太极拳教练员的个人魅力与修养，来提高太极拳教学的整体质量和效果，更好地为社会大众服务。对于习武练拳的学员们来说，教练员对他们的影响力极大，所以太极拳教练员应该更高标准地严格要求自己。

面对当今社会教育的发展趋势和现代社会对人才的要求,不仅要更新教育思想,更要提高教练员的素质,以塑造和凸显新时期职业教练员的新形象。

1. 具备较高的思想道德素质

人的行为是受自身思想意识支配的,"德高为师、身正为范"。如果一个教练员在教学过程中不仅能做到把思想道德教育摆在恰当的位置,而且能够为人师表,那么就会对学员产生良好的影响。教练员的职责不只是传授给学员专业技术、技能,还要能用自己高尚的情操来感染学员,在思想道德方面做学员的表率。一个有高尚品德的教练员可以通过教学,把热情洋溢、乐观无畏的进取精神,把好学多思、正直诚实、吃苦耐劳的高贵品质传授给学员。教练员正确的思想行为和良好的品德修养必然会对学员起着潜移默化的感召作用,并产生深远的影响。

2. 具备较高的综合教学能力

新时期要求职业教练员不仅要了解一些专业知识、技术和技能,更要具备一定的教学能力和教学方法、必要的知识技能结构、积极的创新精神、分析判断问题的能力等。因为增进学员身体健康、传授技艺仅仅依靠教练员的专业技能是远远不够的,这就要求提高教练员的综合素质,要从思想上更新意识,以学员为本,由太极拳文化的传授者转化为引导者,由太极拳技能的传授者转化为学员身心健康的促进者,使教学成为教练员启发和诱导学员积极参与学习和自我教育的过程。

3. 不断地加强专业技能和理论知识的学习

当今社会瞬息万变,知识更新的周期越来越短。作为一名教练员必须在树立良好形象的同时不断地更新和拓展自身的知识。学习是无止境的,仅仅局限于已取得的知识,因循守旧的人终将会被时代所淘汰。因此,教练员要在日常学习中加强太极拳专业技能和理论知识的学习,并且能不断地接受教育教学新思想和新理念。

4. 健康的形象

根据世界卫生组织为健康下的定义,健康应包括身体健康、心理健康和社会适应能力三个方面内容。对教练员自身更应该严格要求,健康的身体、儒雅的气质、开朗的性格、坚定的意志、勇于开拓、善于交往是教练员必须具备的素质。太极拳教练员在工作时运用语言的机会与数量相对少于其他学科的教练员,而示范性和以身作则的表率作用却大于其他学科的教练员。教练员保持健康的形象,能无形中给学员一种健康的信号,增强对学员的吸引力和感召力,给学员最直接的启示——太极拳能塑造健康的身体和良好的气质,进一步促进学员对太极拳的热爱程度。

2.1.2 太极拳教练员日常行为规范

日常行为规范是太极拳教练员在日常工作中应该遵守的行为准则。

1. 仪容仪表规范

（1）在教学场合应穿拳服、佩戴工作牌。

（2）保持衣着干净整洁。

（3）头发无异味、无头屑，不染发。

（4）男教练员不得留长发、留胡须，女教练员长发须盘起，头发颜色适当。

（5）不得留长指甲，不染指甲，及时修剪鼻毛。

（6）保持口腔干净卫生，无异味。

（7）勤洗澡，保持身体无异味。

（8）公共场合注意自己的形象，不掏耳朵、不挖鼻孔、不抓头皮、不玩指甲、不皱眉头。

（9）手上不得佩戴一个以上的戒指，颈前不得佩戴一条以上的项链，耳环不得触及面颊。

2. 行为举止规范

（1）注意个人形象，禁止在工作状态下吸烟、嚼口香糖、吹口哨、打响指。

（2）使用文明用语，对所有学员、员工都要面带微笑，主动打招呼。

（3）接待学员时要礼貌热忱，遇事及时上报。

（4）随手关门，进出门时应主动让行。

（5）个人物品摆放整齐，钱包、手机等贵重物品妥善保管。

（6）授课期间要谨记三轻（说话轻、走路轻、操作轻），每次上下课时教练员须跟学员相互致抱拳礼。

（7）帮学员纠正动作时，要优雅、大方、得体，不得从学员背后纠正动作，与学员的接触点要少，用语规范，保持一定距离。

（8）不得以公司教练员名义，主动与外人搭手。

（9）不得贬低同事、同行，不得背后议论学员。

（10）出入办公室，先轻敲门，听到回应后再进入，并回手轻轻关门。如遇对方谈话或电话中，要稍等；如遇急事打断，要把握机会说"对不起，打扰一下"。

（11）培训期间统一使用普通话，语言要文明，不叫外号，教练员之间统一称呼"老师"。

（12）开会时，坐姿端正，目视讲话人，及时回应，做好笔记，手机调为静音。

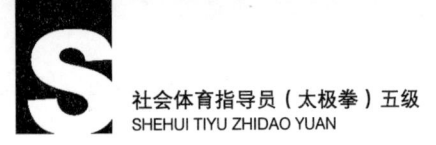

（13）坐姿端正，坐凳子 1/3 处，不靠椅背，站姿挺拔，双脚平行与肩同宽，双手合于腹前，右手在前。

2.2　太极拳教练员自我教学管理

授课流程和语言运用技巧是对太极拳教练员在自我教学管理方面的具体要求，从而规范教学过程，优化教学质量。

2.2.1　太极拳教练员的授课流程

教练员每天授课前，应该提前对当天授课的内容进行备课。

1. 开始上课，行抱拳礼。（第一节课学习抱拳礼的文化含义及动作要领。）
2. 介绍学员，让彼此认识。（新学员自我介绍。）
3. 学员集体练拳，作为热身运动。（介绍太极拳习练的方法和初学时的注意事项。）

注：以上 1—3 项控制在 10 分钟内完成。

4. 复习调整学过的动作，让学员更深地体会太极拳动作的准确性。（控制在 10 分钟内。）
5. 学习新动作。（采用 1234 教学法。）

注：1234 教学法是将太极拳的整套拳架分成若干个定式，并用数字标注每个定式，逐一进行定式要领讲解，便于学员熟练记忆准确姿势，优化教学过程的分解教学方法。

6. 教练员引导学员互动，彼此检验动作的准确性。
7. 复习当天所学的动作，做纠正性讲解。

注：以上 4—7 项控制在 30 分钟内完成。

8. 集体演练，教练员记录学员学习情况，下课。（控制在 10 分钟内。）

2.2.2　太极拳教练员的语言应用技巧

太极拳教练员教学语言技巧的运用是一门艺术。在教学过程中，教练员巧妙地运用鼓励性较强、风趣幽默诙谐且形象性的语言，有助于激发和提高学员的学习兴趣，有助于拳架动作的传授，有助于太极拳理论传播在教学中的渗透，从而使教学达到良好的效果。教练员的语言应用技巧主要包括以下方面：

1. **鼓励性语言**

鼓励性语言和太极拳教练员的教学质量是相互促进的关系，如果太极拳教练员在教学过程中对那些能力较差的学员不能进行相应的鼓励，而是讽刺挖苦甚至辱骂，不仅会打击学员学习的积极性，同时也不利于学员自信心的建立，影响学习的效果。例如，某著名主教练的经典语录就是："小唐，不要急，慢慢来，你一定可以的！"这样的话语无疑对学员是莫大的鼓励。由此可见，鼓励性语言不但能够提高学员学习的积极性，更重要的是能够树立学员的自信心。

2. 语言简洁、生动

简洁性语言是指太极拳教练员在教学过程中，要尽可能地采用简单明了的语言，有时候一个动作或运行线路比较复杂，教练员无法用非常简单清晰的语言表达时，需要再加上肢体语言，才能让学员清楚明白。如在太极拳动作中，野马分鬃的双手拉开，口诀是"微右转，左手内旋外撑，双手拉开"。如果教练员只是按照口诀跟学员讲，学员就会听得不太明白，但如果辅以教练员动作的演示，就能让学员一看便明白，也能知道这个动作的先后顺序和原理。

3. 形象性语言

形象性语言是指教练员在教学过程中将抽象的事物用生动有趣的语言表达出来，将抽象变为具体，使学员更易于接受。教练员语言形象幽默，可以使教学变得轻松、有趣，从而达到更好的学习效果。

教练员在教学过程中，对学员进行动作演示时，一方面要清晰明确地点明这段运行线路和定式要求的要点、难点，尽量能够做到清晰地传递信息；另一方面要做到生动活泼、语言幽默，采用活泼幽默的语言，不仅可以让学员容易接受所授内容，而且能够非常好地调节在学拳过程中因腿酸造成的紧张气氛，缓解学习初期的枯燥给学员带来的压力。

本章测试题

一、判断题（请将判断结果填在题后的括号中，正确的填"√"，错误的填"×"）

1. 在教学过程中，教练员巧妙地运用鼓励性较强，风趣幽默且形象性的语言，有助于激发和提高学员的学习兴趣。　　　　　　　　　　　　　　　　（　　）
2. 如果课程内容安排很紧张，可以不用行抱拳礼。　　　　　　　　（　　）
3. 教练员每天上岗前，要对今天授课的内容进行备课。　　　　　　（　　）
4. 教学过程中形象性语言可以将简单具体的事物表达得抽象有深度。（　　）

二、单项选择题（选择一个正确的答案，将相应的字母填入题内的括号中）

1. 下列选项中，不属于太极拳教练员形象塑造的内容是＿＿＿＿＿。

A. 具备较高的思想道德素质　　　　B. 具备良好的教学能力
C. 不断地加强专业技能和理论知识的学习　　D. 利用形象性语言进行授课
2. 下面关于太极拳教练员的行为规范，正确的说法是_____。
A. 男士适当留胡须　　　　　　　　B. 以和为贵
C. 工作牌影响教拳可以不佩戴　　　D. 在教学场合应穿拳服

三、简答题

1. 简述太极拳教练员应该如何塑造形象。
2. 太极拳教练员日常行为规范包括哪些内容？
3. 简述太极拳教练员常用的语言应用技巧。

第 3 章

太极拳基础知识

- 3.1 太极拳概论
- 3.2 太极拳的理论体系
- 3.3 太极拳初级练习方法
- 3.4 太极拳经典理论
- 3.5 太极拳相关文化

本章提要

太极拳的基本知识是每一个太极拳教练员从事教学工作的理论基础，必须熟练掌握和运用。

本章就太极拳的发展历史、现状和发展趋势，太极拳的基本概念，太极拳的练习方法，太极拳与内气，太极拳与推手，准确定式和节节贯穿，以及太极拳相关文化、中医基础、人体运动学基础等基本问题进行阐述。

其中，太极拳的基本概念、练习方法、准确定式和节节贯穿是本章的重点，太极拳与内气是本章的难点，此外，需要了解太极拳相关文化、中医基础、人体运动学基础等知识。

3.1 太极拳概论

太极拳是集太极论、阴阳论、气论、中庸思想、中国古代辩证思想、知行合一的哲学思想以及知己知彼、以静制动、以柔克刚、后发制人、舍己从人的技术理念融于一体的健康运动。随着人们对于太极拳的研习越来越深入，其历史意义和时代价值也日益凸显，太极拳的基本知识是每一个太极拳教练员从事教学工作的理论基础，必须熟练掌握和运用。

3.1.1 太极拳的发展历史和现状

1. 太极拳的起源

太极拳是在悠久的中国武术文化发展历程中产生的一种武与道相结合的优秀拳种，集武术与思想之大成，其拳理可称得上武术领域的最高境界。但其起源之说，学术界、武术界一直争论不休，各执己见，得不到一个完整统一的共识。有关太极拳的起源，史料考证不详，众说纷纭，因此，本章将太极拳的各种起源说介绍如下，供读者参考。

（1）唐朝许宣平创拳说。许宣平，新安歙（shè）县（今安徽省境内）人，授业自于欢子，于欢子的生平不见记载。许宣平的太极拳功名曰"三十七"，据说是由于"三十七势"而得名，名目如下：推碾、凤凰展翅、簸箕式、十字手、双鞭、手挥琵琶、高探马、肘下捶、海底珍珠、上提手、下势金鸡独立、玉女穿梭等三十七势。练习方法为单势练习，一势练成再练一势，不分次序，练习者自己选择，至三十七势逐一习成，动作自然连贯，一气呵成，滔滔不绝，故此拳又称长拳，总名太极拳三十七式。由此可见，至许宣平时，太极拳三十七式已成定名，后传至宋远桥，称宋氏太极拳，辛亥革命时宋氏传人宋书铭将拳谱公开。

上海书店出版社出版的《太极拳释义》一书中记述了宋远桥对《宋氏太极功源流支派论》的叙述："自余而上溯，始得太极之功者，授自唐代于欢子、许宣平至余十四代，有断有续者。许先师系江南徽州府歙县人，隐城阳山，即本府城南紫阳山，结茅南阳辟谷，身长七尺六寸，髯长至脐，长发至足，行及奔马，每负薪入市贩卖，独吟曰：负薪朝出卖，沽酒日夕归；借问家何处，穿云入翠微。"唐朝著名诗人李白曾去拜访而不遇，题诗仙桥，怅然而归，诗曰："我吟传舍咏，来访真人居。烟岭迷高迹，云林隔太虚。窥庭但萧瑟，倚杖空踌躇。应化辽天鹤，归当千岁馀。"据此看来，李白仗剑慕道，并在宣州、池州、徽州一带滞留过，其意当在访习太极拳技艺及轻身术。

（2）宋徽宗时代武当丹士张三峰创拳说。在清康熙八年（公元1669年）所作的《王征南墓志铭》中，黄宗羲说，内家拳"少林以拳勇名天下，然主于搏人，人亦得以乘之；有所为内家拳者，以静制动，犯者应手即扑，故别少林为外家，盖起于宋之张三峰。三峰为武当丹士，徽宗召之，道梗不得进，夜梦玄帝授之拳法，厥明，以单丁杀贼百余"。清康熙十五年（公元1676年），黄黎洲之子黄百家为其师王征南所传的内家拳写《内家拳法》，则又持张三峰兼精少林之说："自外家至少林，其术精矣；张三峰既精于少林，复从而翻之，是名内家。"

（3）明朝张三丰创拳说。张三丰为元末明初著名道士。据张三丰自述，他曾任中山博陵县（今河北定县境）令，后弃官出家为全真道士。曾游武当山，预言武当山异日必大兴。张三丰与其徒弟在武当山披荆斩棘，创草庐以修道。在修道炼丹的过程中，观察蛇雀之争，探索龟鹤长寿之秘，由此创编了太极拳。不久又离武当山云游四方。张三丰真人著有《张三丰太极炼丹秘诀》一书，其中记载有《太极拳论》《太极拳歌》《太极拳敛神聚气论》，而《太极炼丹秘诀》中《大丹诗》又说："身内功夫我自知，天地玄黄有谁窥，初导龙虎来争战，又见龟蛇喜唱随。"似乎是三丰祖师创太极拳之证。

近年来还有一种说法认为是张三丰创造了太极拳，然后经山西王宗岳，其徒蒋发，传入河南温县陈家沟，传给了陈氏十四世陈长兴。此前陈家自己的家传武术是由陈氏九世陈王庭所创（炮捶），偏于刚猛。陈长兴经过收集整理，将太极拳定型为陈氏老架一路和二路（炮捶），后来产生了杨、吴、武、孙等其他流派。

（4）明朝王宗岳创拳说。王宗岳是明朝万历人，内家拳名家。一位在太极拳传承史上做出重大贡献的人物。根据《太极拳考信录》的记载：山西王宗岳精太极，曾著《太极拳论》《十三势行功新解》《太极拳解》和《打手歌》，《太极拳谱》中的《太极拳论》被视为太极拳的经典理论。

相传王宗岳一次外出时，路过河南温县陈家沟，见到村中人演练拳法，就停下来住在客店中，并在闲谈中对村民所演练的拳法大加议论，说长道短，品优论劣。而在此时，陈家沟是以武学而闻名的，村民们对于自身武艺十分自信，并以此为荣。听到一个外乡人指手画脚，十分不悦，但碍于宗规礼法而不敢轻言。等王宗岳离开客店之后，村民们举荐几位武艺精湛之人尾随王宗岳到了村外，要求比武较技，均败在王宗岳之手，村民心服口服，诚心地向他请教。王宗岳就改陈家沟原有之长拳为太极架，并遴选了村民中资质禀赋极佳、悟性甚高的人，单独传授了功法秘诀，然后才离去。从此以后陈家沟才开始大范围地修习太极拳。

（5）明末清初陈王庭创拳说。早在20世纪30年代，经武术考据家唐豪等人考证，认为太极拳是明末清初的战将，河南温县陈王庭所创编，其论据是：名将戚继光曾编著《拳经三十二势》一书，其中吸收了当时流传于民间的十六家拳法，并没有提到太极拳，这起码说明作为一代名将和武学大家的戚继光都没有议论过太极拳。

温县陈家沟的陈王庭曾是军中大将，《陈氏家谱》在第九世祖陈王庭姓名旁注："王庭，又名奏庭，明末武贡生，清初文贡生。武术在山东名手，扫荡群匪千余人。陈氏拳手刀枪创始人也。天生豪杰，有战大刀可考。"（见《陈氏家谱》第十二页，原谱现存北京）明朝灭亡（公元1644年）前三年，陈王庭披坚执锐，正当壮年。明朝灭亡后，陈王庭消极隐居，思想上受道家思想的影响很大，从他写的诗词"年老残喘"还能够"耕余造拳""教下些子弟儿孙"，可推测太极拳的创编是在17世纪60年代的清初。

对比陈王庭传授的太极拳五路、长拳一百零八势一路和炮捶一路等七套拳法可以看出，其中吸纳、借鉴、采用了戚氏《拳经三十二势》中的二十九势，而且，《拳经三十二势》的开头是"懒扎衣""单鞭"两势，这七套拳法的开头也都是这两势。

陈王庭所著的《拳经总歌》的歌词中借鉴了戚氏《拳经三十二势》歌词内容的精华。戚氏《拳经》有："怎当我闪惊取巧""倒骑龙佯输诈走""一条鞭横直披砍""埃步逼上下提笼""进攻退闪弱生强"等句。而陈王庭《拳经总歌》中则有："闪惊取巧有谁知""佯输诈走谁云败""横直披砍奇更奇""上笼下提君须记""进攻退闪莫迟迟"等类似的语句。经过对照不难看出，陈王庭在拳论方面是吸取了前辈所归纳总结的精华，在融会贯通的基础上做了一系列创造性的发挥。

陈王庭《拳经总歌》开头两句："纵放曲伸人莫知，诸靠缠绕我皆依。"这是太极拳推手的特点。而在明代后期,当时的武术大家,如俞大猷、戚继光、唐顺之、程冲斗等人的武术著作中都没有提到这种特点。

（6）现传各式太极拳出自陈式太极拳。现在多数拳家以"现传各式太极拳出自陈式太极拳"之说为本。武术史研究者唐豪在实地考察了河南温县,并查阅了县志和《陈氏家谱》等后,得出结论：追根溯源,陈氏太极拳的发祥之地在河南省温县陈家沟。陈王庭就是陈氏太极拳的创始者。

2. 晚清至民国期间各派太极拳的发展

（1）陈式太极拳的发展。陈氏太极拳是各派太极拳中最早的一支,河南温县陈家沟的老拳师陈王庭初创陈氏太极拳,世代相传。到18世纪末,陈氏太极拳分成新架（革新）和老架（正统）两派。前者以陈有本为代表,后者以陈长兴为代表,但在风格、行拳姿势及原理上并未发生质变,只是拳架大小上的区别,后陈长兴,将陈王庭编的一至五路太极拳由博归约,精炼归纳,创造性地形成完整套路,称陈式太极拳,又分老架和新架两种。

陈长兴之曾孙陈发科（1887—1957年）于1928年去北京传拳,成为陈式太极拳的中兴者并确立了陈式太极拳的地位。陈氏太极拳第八代传人陈鑫于20世纪初编著的《陈氏太极拳图说》中,详述了陈式太极拳历代练拳经验。

陈式太极拳特点：缠绕螺旋、快慢相间、蹿蹦跳跃、腾挪闪战。

（2）杨式太极拳的发展。杨福魁（1799—1872年）,字露禅,河北省广平府永年县人,从学于陈家沟陈长兴,杨露禅因不是陈族,居陈家数年所得无几,后发现隔院有哼哈之声,乃破壁窥之,见其师教授太极拳秘法,于是每夜必窥,数年后功夫大进。后陈命杨与诸徒诀,杨均胜,陈长兴始传其秘术,期间十八年之久,后至北京教拳,所向无敌,世称"杨无敌",并与其子杨健侯、其孙杨澄甫等人,在陈式太极拳的基础上,创编发展了"杨式太极拳"。

杨式太极拳特点：舒展简洁,动作和顺,刚柔内含,松沉自然。

（3）吴式太极拳的发展。创始人吴鉴泉（1870—1942年）,其父满族人吴全佑,清末河北大兴人,初从杨露禅学太极拳大架子,后拜杨露禅次子杨班侯（1837—1892年）为师学杨氏小架太极拳,以善于柔化著名。经过吴全佑之子吴鉴泉进一步修润,定型为吴式太极拳。

吴式太极拳特点：动作小巧紧凑,速度均匀,连绵不断,不纵不跳。

（4）武式太极拳的发展。武禹襄（1812—1880年）,清末河北永年人,约于1852年从杨露禅学陈式老架太极拳。1852年从陈青萍学习新架太极拳,又严格按《太极拳论》参悟太极拳，于是以练拳心得归纳锻炼要领为《身法十要》，从而创造了武式太极拳，经李亦畲（1832—1892年）进一步完善，最终定型为武式太极拳。

武式太极拳特点：身体挺直，用一手臂保护身体半身，手不伸延到脚的垂外线，且虚实分明。

（5）孙式太极拳的发展。孙禄堂（1860—1933年），清末河北完县人，擅长形意拳和八卦拳，晚年独打太极拳。孙五十岁时向郝为真（1861—1932年）学太极拳，并巧妙地吸收了陈、杨、武三派之长，之后参合八卦、形意、太极三家拳术的精义，融合一体而创造了架高步活的孙氏太极拳，亦称开合太极拳，共九十五式。

孙式太极拳特点：进退相随，舒展圆活，动作灵敏，开合活步。

（6）和式太极拳的发展。和兆元（1810—1890年），始创于清末河南温县赵堡镇太极拳名家和兆元，因地域亦被称为"赵堡太极拳"。和式太极拳除具有一般太极拳的要点外，在理论、技术技法、强身养生方面都有其独特之处。

和式太极拳特点：处处走圆，自然圆活。

3. 太极拳的现状

自1978年，邓小平向日本友人题词："太极拳好"，使太极拳开始向国外传播。太极拳丰富的文化内涵得到越来越多国际友人的认可。在世界各国，几乎都能看到太极拳练习者的身影。仅美国就有三十多种太极拳的书籍出版，而日本拥有世界上最大的太极拳联盟。据不完全统计，世界上从事与太极拳相关事业的人员高达1.5亿，太极拳在如今已经得到了空前规模的发展。

中华人民共和国成立后，武术作为优秀的民族文化遗产得以继承下来，集健身、表演、技术为一体的太极拳被列为重点研究和推广项目，并赋予新的时代意义，把练拳健身和社会主义经济建设紧密地结合起来。为了增强人民体质，便于普及太极拳，国家体委编制了易于学习的简化太极拳，出版了陈、杨、武、孙、吴五式太极拳专著。各地体育学院和其他高等学校开设了教练太极拳的课程；太极拳运动员参加了自1953年以来的历届全国性的武术运动会；有关医疗部门还把太极拳锻炼用以临床实践，取得了明显的成绩。

在党和政府大力宣传和积极提倡下，各地太极拳社、辅导站相继兴起，学校、机关、部队、工厂、农村，越来越多的人参加了太极拳锻炼，太极拳成为广大人民用来锻炼身心，陶冶情操的重要手段，参加人数之多，流传地区之广，是任何体育项目都难望其项背的。

遗憾的是，这一时期过多地强调了太极拳的健身作用和表演的形式美，虽在普及太极拳方面取得了巨大成绩，但在太极拳技击特点的继承和研究上未能给予应有的重视，致使不少绝技濒于失传。

党的十一届三中全会之后，在发展武术方面采取了许多措施，太极拳运动也得到了复苏，迎来了第二个春天。这一切无疑加强了太极拳队伍的凝聚力，万众一心，群策群力，把太极拳运动推向新的高潮。

2011年10月27日，中央国家机关太极拳协会成立，标志着国家对太极拳发展的关注以及对太极拳强身健体价值的高度肯定。

太极拳作为"太极文化"的代表，它的内涵和作用早已超越了武术范畴。它起源于中华大地深厚的文化积累，是中华民族的骄傲，应进一步发挥其重大作用，使其为社会主义经济建设和精神文明建设服务。

尽管太极拳的推广和普及越来越大众化，国内外太极拳的习练者也越来越多，但是在推广迅速的形势下，太极拳的现状却越发堪忧，目前太极拳的发展主要存在四大日益突出的问题。

（1）民间太极拳习练者现状：练习者年龄比例失衡，几乎变成老年人的专属。

太极拳是中华民族的智慧的结晶，如今却被许多人误解为是老年人的专属，导致年轻人对于太极拳习练缺乏热情，对于太极拳的长远发展而言可能会产生断层甚至失传的危险。因为缺少场馆化的运营模式，只能零散地在公园里传播，缺少适合青少年和社会精英锻炼的专业场地和教学方法，使得太极拳市场没有真正打开。

公园内甚至高校里传播的太极拳，缺少标准化的教学体系和检验模式，无法将真正的太极拳普及大众，更无法传承绝学。

（2）竞技领域太极拳习练者现状：比赛化、体操化、舞蹈化。

竞技领域太极拳习练者所传承的太极拳，在太极拳普及推广的过程中起到了一定的作用，满足了普通大众对太极拳的审美需求，但是国内现行太极拳比赛的规则和标准，大部分是长拳和体操的标准，讲究的是动作的难度系数和漂亮程度，缺少太极拳真正的内涵。体操化追求的是难度系数，舞蹈化强调的是动作漂亮。体操化、舞蹈化的"太极拳"被误解成是真正的太极拳，误导了大众对于太极拳真正概念的理解，对于太极拳的发展看似有利，其实是南辕北辙。

（3）动作缺少对理论依据的验证。太极拳传播因为缺少动作准确性，没有完整的标准体系和教学体系，尤其是缺少动作检验体系，导致了"十位大师，十种拳架"的现状，对于太极拳的发展无疑是有害的。

（4）太极拳的"正宗嫡传"依旧笼罩着太极拳界。太极拳的拳理集武术与思想之大成，是中华武术文化、道家文化的经典之作。虽然口耳相传、师徒相授的传播模式，在太极拳历史传承中发挥了重要作用，但是，"传内不传外"的传统教学模式，严重阻碍了太极拳的大众普及和推广。甚至部分人企图利用太极拳"正宗嫡传"来说明太极拳是某家某派的专利，成为获利的手段。其实，正宗嫡传并不是说某人传承了太极拳的名义，而是考察传人传承的是不是真正太极拳的经典拳论，并且能做到太极拳经典理论，换句话说，就是能做到知行合一，用动作来论证经典太极拳书中的理论。

正宗是虚，得功是实。因此太极拳的真正发展和传承，不在于是不是虚名上的正宗和嫡传，而是务实练功，将太极拳核心的精华简单化地普及传承，更不在于谈玄说妙，突出个人，而是要合理利用太极拳这一民族瑰宝造福于民。太极拳不是属于某一个人的，它是属于全民族、全人类、全世界的。

4. 太极拳今后的发展趋势

通过考察中国太极拳的发展历史和现状，使人们对太极拳的职业化发展有了一定的规律性认识，可以据此预测未来的发展走向，有利于太极拳今后的传播和普及，指导太极拳进入健康的产业化发展之路。

太极拳的传承及发展是一个复杂的社会现象，它的发展是与时代需要和时代主题紧密联系的。虽然太极拳的流传很广，流派也越来越多，传播途径日趋多样化，但除了在民间普及以及学术科研的推广以外，现阶段最有利发展的方式是太极拳发展的标准化和产业化。

产业化是太极拳未来发展的主要驱动力，能够将太极拳的养生价值和文化传承这两方面融合于社会需求这一根本动力上。产业化的太极拳也必将体现以下鲜明特点：

（1）太极拳的发展将更为迅速广泛地深入人民生活。随着我国经济的快速发展，人民的物质生活不断提高，与此同时，人们拥有了更多的闲暇时间，能够更好地享受健身活动，太极拳运动就自然而然地深入到全民健身中。

（2）太极拳教学发展将更为专业化、职业化。通常人们认为太极拳是老年人在公园里晨练的运动，很少有年轻人主动学习太极拳，并且太极拳老师的水平也是良莠不齐，教授的太极拳动作也非常随意，内功修为又很难有标准来评断。但真正太极拳拳理和拳架的内在精华需要更加专业的太极拳教练员去传授，而不是太极拳老师随意地比画类似太极拳的动作，让学员跟在老师后面随意比画动作。因此，太极拳教练职业化也是必然的趋势。

（3）太极拳发展的价值核心是养生和静心。随着时代的发展和科技的进步，越来越多的武术家认识到，武术的价值不仅是技击功效，更是养生功效。强身健体成了武术在新时代的意义,太极拳作为中华武术的代表拳术,其历史价值也于此真正开始。

如今,提高生活和生命的质量已经成为社会关注的焦点,而太极拳的修习可以提供一种健康的生活方式。太极是中国文化的根基,影响了儒家、道家等中华文化各个流派,太极强调的是阴阳,通过调节人体脏腑的阴阳平衡,到达性命双修的功效,提高生命的质量更是太极拳的核心价值所在。

太极拳的修习不仅能达到很好的养生效果,而且能悟出更深的哲学道理。

(4)太极拳的推广模式将更为标准化、场馆化、时尚化、商业化和产业化。与跆拳道、瑜伽等项目的产业化相比,我国太极拳运动的产业化发展不甚理想,总体情况表现为参与者老龄化、教学场地公园化;教授方式以师父带徒弟为主,具有随意性,讲究"师父领进门,修行在个人";注重套路,不重拳理。在快速推广太极拳运动中表现出强调美观的体操式教学,本末倒置,教学中没有体现出其赖以生存的价值思维方式,成了一种漫无目的、盲目的锻炼方式,短期会影响其养生效果,长期必将影响太极拳自身正确的传承和发展,使人们难以全面认识和评价太极拳运动。

场馆化的推广模式对太极拳产业提出了新的要求。在上海、北京等国内一线城市已出现了不少太极拳品牌连锁场馆,成功开拓了都市白领的消费市场,形成较好的经济效益和社会效益,在太极拳运动的推广中弘扬太极文化,积极营造太极健康养生观念,实现太极拳的场馆化和时尚化,吸引中、青年参与太极拳运动,满足消费者的多样化需求。加强太极拳的养生和技击理论研究,建立科学的标准化教学体系;加强师资队伍培养,规范师资队伍管理,培养出高水平的太极拳人才;通过场馆化的运营,能够更好地推动太极拳的产业化和规模化。

3.1.2 太极拳的基本概念

1. 太极

(1)太极的含义。太极首先是一个哲学概念,不同的背景对太极的表述也不尽相同,不同的文化对太极的理解也不一致。

太极一词,从字面的意思理解,"太"在古代有始源、至上之意,所以才有了"太上"一词,道家老子的称号"太上老君"也取了太上一词的精义;而"极"则有极致、极限之意,物极则变,变则化,"太"和"极"均代表一种极致,变化之源则为太极。

太极是一种历史悠久而又奥妙无穷的文化,是构成华夏文明的最根本的源头。最早有关于"太极"一词的文献记载,见于《易传系辞》:"是故易有太极,是生两仪。""太极"即为天地未开、混沌未分阴阳之前的状态,"两仪"即为太极的阴、阳二理。系辞又说:

"两仪生四象,四象生八卦",其意指宇宙间的一切事物和现象都包含着阴和阳、表与里的两面。它们之间既互相对立矛盾又相互依存统一,这是物质世界的一般规律和总纲。

(2)太极图的解释。太极,构成了道家易学和道家哲学中最重要的根本,道教长期以来在修行实践和理论探索中,使用太极的概念,并且大大地丰富了太极的内涵,形成了以太极为核心的系统学说,最重要的便是《太极图》(见图3—1)。

图3—1 太极图

太极图,据说是宋朝道士陈抟所传,原名《无极图》。陈抟是五代至宋初的一位道士,相传对内丹术和易学都有很深的造诣。据史书记载,陈抟曾将《先天图》(即无极图)传给其学生种放,种放以之分别传穆修等人;种放又有传《河图》《洛书》给李溉等人。后来穆修则将《太极图》传给周敦颐,周敦颐写了《太极图说》加以解释。现在人们通常看到的太极图,就是出自周敦颐的《太极图说》。

图中的这个圆圈就是代表的一,代表宇宙,代表无极。

图中的黑白二色代表是平分阴阳,宇宙的万物皆为阴阳之理所涵盖。

黑中白点和白中黑点代表是阴中有阳,阳中有阴,阴阳之理造就的万物都包含了既相互矛盾对立又相互依存的规律。

黑白的首尾相接代表的是阴极生阳,阳极生阴,阴和阳的划分不是绝对的,它们之间可以相互转换。

(3)太极的时代价值。太极文化历经悠久的朝代更替,影响并蕴含于诸子百家等诸多流派,以及当今科学发展的诸多学科之中,是关于物、人、事的思考。它仰观俯察,象天法地,"近取诸身,远取诸物",由物而人,由人而物,不一而足,终及于事"。

太极文化以其博大的思想脉搏和广阔的精神内涵,衍生出了佛之广大,道之精微,儒之至极,医之气化,武之内求,奠定了华夏传统文化的深厚底蕴。

太极阴阳理论是中华民族的瑰宝,是华夏文明的结晶,是中国传统文化的根基,需要得到良好的继承和发展。

2. 拳

(1)拳的理解。拳就是一种用于搏击的技术,不能用于技击,就不能称之为"拳",只能称之为"操"。

从大量的史籍记载中可以看到,拳的萌芽、壮大和发展,是人们在与兽、人的生存搏斗中通过流血和生命换来的格斗经验,逐次升华为有意识的技击技术的积累和总结，在不断反复的练习中形成了拳的雏形，也就是拳的本质所在。

中华传统武术中的拳，最本质的特征是技击性，最基本的用途是用于防身自卫。在历史自然条件、社会背景、文化氛围和传统心理的影响和演变下，拳的内容和形式可能在变化，精炼、发展和衍生出许多种类不一、各具特色的拳种，但其根本都始终围绕着技击这一根本特质。

（2）内家拳和外家拳。"内家拳"与"外家拳"这两个词起源于明清时期，这是因为自明末清初开始，一些内家拳流派开始创立，并逐渐为世人所知晓。

相传明初著名道士张三丰，将道教气功炼养之旨融于拳法中，创立出有别传统拳架风格的拳术，即内家拳的雏形，其具有贵柔尚意的特点，以心息相依、运行匀缓、意到气到、动静自如、以柔克刚、灵活婉转、莫测端倪为行拳要领。至今流行的八卦掌、太极拳、心意六合拳（形意拳）、大成拳等，都是从内家拳演绎发展而成。

我国中原拳术大多与少林拳术有渊源或者受其影响，因此，便将与少林拳术有相同特点的一大批拳术划归外家拳。与此相对，内家拳大多创立于道观，比如张三丰创立的武当内家拳，因此，人们便习惯将这类拳术统称为内家拳。

在此，须加以说明，并不是所有源于道观的拳术均符合内家拳的特点，也不是所有源于少林寺或具有其他相同特征的拳术均为外家拳。人们最初区分内家拳和外家拳，只是一个大体的分类，今人对此不可过于拘泥。

内家拳和外家拳的划分，众说纷纭，观点不一，孙禄堂曾言："今之拳术者，每云游内家、外家之分，或称少林为外家，武当为内家；在道为内家，或以在释为外家，其实皆皮相之见也。"

大家不能简单地以外形、地域、身份来分辨内家拳和外家拳。内家拳的"内"体现在其拳架在创立的初始，就把道家的练气、养气的锻炼方法直接融于拳架中，可以在练习拳架的过程中，直接通过动作的梳理、引导，体内气机的调动、培养，产生出内家拳的内气，即武术中"以外形催内气"。外家拳的"外"则是侧重于拳架外在动作路线的创立，并没有融于养气、练气的要旨，只是单一的攻防技击要素的融合，外家拳的内气并不是直接在拳架中锻炼产生，而是借助于相应的内功心法，一外一内，相辅相成，就像少林武术中，有许多单独的气功、练气心法一样。

3. 太极拳

（1）太极拳的定义。太极拳是古老华夏文明的结晶，它体现了中华民族辩证的理论思维与武术、艺术、气功导引术的完美结合，是高层次的人体文化。

在理论领域中，太极拳是以《易经》的阴阳之理为指导思想的。王宗岳的《太极拳论》

开篇就提到:"太极者,无极而生,动静之机,阴阳之母也。"

在拳架结构中,太极拳是人体的拳术,就必须体现出人体结构的特点:人体的骨骼和经络。武谚有云:"内练一口气,外练筋骨皮。"太极拳学者陈鑫在其著作的《陈式太极拳图说》中着重强调的"骨节要对"的观点,无一不阐述了骨骼和经络在太极拳中的重要性,解释太极拳就必须包含这两者。

在练习方法上,因为太极拳是内家拳,可以产生内气,所以它必须体现内家拳的特点:在拳架动作的练习过程中,直接融合了道家练气、养气的要领,通过外在拳架动作的疏导、引动,"以外形催内气"。没有这一点,太极拳的诠释必然不全面。

那么,通过对太极拳内在的分析,很容易得出太极拳的一个比较完整的定义:太极拳,是以武术拳架为载体,以太极的阴阳学说为理论依据,以中医的骨骼经络学说为生理依据,以道家的导引吐纳之术为练气的方法,是一种性命双修的拳法。

概括地说,太极拳是依据《易经》的阴阳之理、中医的骨骼和经络学说、道家的导引吐纳,综合创立出的一套具有阴阳性质、符合人体结构的拳术。

简单地讲,太极拳就是把"太极"的阴阳之理,融入每个拳架招式里面,而成为太极拳。

(2)真正太极拳的判定标准。太极拳首先是一门"拳"术,它的本质是必须能用于技击,这是太极拳的首要也是必须的判定标准。

太极拳起于"易",其产生的根源还是源自华夏古老的易经阴阳文化。作为太极拳的判定标准之一,拳架的每一个动作都必须体现出阴阳之理,包括定式动作中的阴阳之理和运行线路中的阴阳之理,没有了阴阳之理作为其内涵,只是做出了看似太极拳动作的外形,是不能称为"太极拳"的,只能称为"柔拳""慢拳"等。

陈鑫在《太极拳图说》中提到"骨节要对,不对则无力",太极拳是符合人体结构的拳术,就必须体现出人体的生理结构特点,即吻合人体骨骼的最佳受力特点和保证经络畅通的动作,这是太极拳显著的特点,也是真正太极拳的判定标准之一。

太极拳是内家拳,而且是最能代表中国优秀传统文化的内家拳,那么就必须体现出内家拳的特点。内家拳的标准在于,直接在练拳架的过程中融合了产生内气的方法,通过外形的导引产生出内气。所以说,如果不具备内家拳的内涵,不能通过练拳产生出内气,也就不能算是真正的太极拳。

太极拳作为一个极具特色的拳种,不同于其他内家拳,在运动特点上有其独到之处。判定真正的太极拳,还必须看其拳架和线路中是否都体现了太极的运动特点和内涵——其跟在脚,发于腿,主宰于腰,形于手指的节节贯穿,拳架运行线路中体现不丢不顶的完美运行曲线，最终达到以柔克刚、四两拨千斤的技击效果等。

综上所述，判断一个拳种是不是真正的太极拳，必须遵循以下五个标准：其一，能否用于技击；其二，是否含有太极的阴阳之理；其三，是否含有吻合人体骨骼最佳受力特点和保证经络畅通的动作；其四，是否具备太极拳的内涵，产生内气；其五，是否吻合太极拳的运动特点——节节贯穿、不丢不顶、以柔克刚等。

（3）太极拳和广播操、太极操的区别。太极拳是内家拳，它既有内家拳的"内"，即独有的内气锻炼养生之道，又具有拳的真正内涵，即拳架中必须有技击的本质和特点。真正的太极拳，是两者兼顾、合二为一、不可偏废的。

如果一套拳架，没有技击的功能，就不能称为"拳"，只能称为"广播操"。只有类似太极拳的很柔、很慢、很放松的动作，却没有技击的内涵和功能，那么就不能随意地称为某式太极拳，只能称为"太极操"。

3.2　太极拳的理论体系

3.2.1　太极拳的六大理论体系概述

根据太极拳修习过程可以把太极拳分为六大体系：准确拳架、节节贯穿、虚实变化、掌控内气、手印之道和太极身法。

1. 准确拳架和节节贯穿

准确拳架和节节贯穿是太极拳初学者的必经阶段。准确拳架是练习太极拳的筑基过程，也为第二体系节节贯穿的学习做好准备，因此，对于太极拳初学者，牢固掌握准确拳架是非常重要的。

准确拳架体系的作用是疏通经络和获得根劲。

节节贯穿体系可以产生内气，使气血流通旺盛并使各关节活动度增加，使身体开始产生阴阳虚实变化。

2. 虚实变化

虚实变化体系可使气血循环更加旺盛，周身充盈调达，并可达到五阴五阳、不丢不顶、人不知我、我独知人的高层的技击效果。

3. 掌控内气

当通过前面三个体系的练习获得强大内气之后，就需要一些方法来掌控内气，在技击时、强大内气会给对手意识上造成错误的判断从而产生空的感觉。

4. 手印之道

在佛家、道家和气功的修炼中都有一些通过一定的手指动作的调整和活动顺序来调整经络、驾驭内气的方法，具有神秘的力量。因此，将手印作为自然界的大宇宙和人体的小宇宙进行信息和能量交流的"天线"。

5. 太极身法

当掌握了前面五种体系后，与人交手可以达到"立如秤准，活似车轮""静如山岳，动如江河"的效果，此体系是前面五种体系的综合运用。

前三大体系是练的过程，后三大体系是用的过程。

3.2.2 准确拳架与节节贯穿

1. 准确拳架

《太极拳论》记载："差之毫厘，谬以千里。"可以看出动作差一厘米都不行，说明动作是有准确性要求的。当每一个动作都吻合人体骨骼的最佳受力状态时，就可以保证经络的最佳畅通，同时也可将桩功融入拳架，并可达到最佳的养生和技击效果。准确拳架指的是吻合人体骨骼的最佳受力状态，保证经络畅通的拳架体系。

准确拳架包括定式动作的准确和线路的准确。如果用胶片来记录太极拳运动的整个过程，那么理论上每一张胶片里的动作都应该是一个非常准确的、符合经络骨骼最佳受力姿势的动作，把它连在一起就成了一个准确的太极拳运动过程。套路中，每个招式都采用几个定式动作和定式动作之间的线路来组成。然后逐渐增加定式动作，缩短定式动作之间的运行线路，这样整个招式才会打得非常准确。从整体上看，运行线路的准确性、规范性和可复制性就会大大地提高。因此，对于初学者来说，定式动作的准确性是非常重要的。

（1）准确拳架的原理

1）力学理论。从力学的角度看，建筑物的框架结构只有符合力学原理才能稳固，同样，人体外形和内在的配合也可以达到力学的稳定结构。

2）导体理论。当人体获得了这种稳定结构，就可以变成力的传导体。作用在身体上的力，可以通过这种稳定结构传递到脚上，从脚上获得的反作用力也可以通过这个途径反作用于对方身上。

（2）检验定式动作的准确性。让别人在身体上加力，感受这个力是否可以精准地传到脚底。

（3）教学要求。准确拳架阶段的教学应该注意手脚和重心的位置，身体的方向和角度，反复对着镜子纠正动作，才会发现问题所在。

（4）练习者常见的误区。很多太极拳爱好者都说太极拳是内家拳，对动作的准确性要求不高而更注重内在的气和精神上的修为。但没有准确的拳架，就如同在做广播操，即使再怎么注意内在，也不会变成内家拳。

问题的根本在于混淆了练拳的过程和练拳的结果。很多人往往把太极拳的结果当作过程去练，比如以意导气、以内气催外形等。可是对一个刚开始接触太极拳的普通人来说，并没有内气去导、去催。因此在习练太极拳的初始阶段，必须要有一种方法去培养内气。太极拳采用的就是一种以外形催内气的方法来疏通经络、培养内气。用外形催内气，就需要用一些规范、准确的拳架去练习太极拳。

通过第一个体系"准确拳架"的训练，可以疏通经络、获得根劲、提高忍耐力和意志力。

准确定式是太极拳必须具备的阶段，是练习太极拳筑基的过程。准确的定式动作可以让经络在空间的走向上非常有利于体内内气的流动，特别有利于内气下沉到足，这一点在太极拳的习练中非常重要。因为太极拳是非常讲究"根"劲的，产生"根"劲的前提是气可以下沉到足底，也就是手—身体—足这条内气运行的通道必须打通，然后从足底起来的"根"劲才可以通过足—身体—手这条通路发散出去。通常说的太极拳的八门劲"掤、捋、挤、按、採、挒、肘、靠"都是建立在有准确定式后，产生根劲的基础上才能体现出来的。通过吻合人体骨骼最佳受力状态、确保经络畅通的拳架体系，完成了太极拳定式动作的训练，确定了太极拳运动的框架，为节节贯穿、产生内气、促进气血流通旺盛做好准备。所以说准确定式是练习太极拳筑基的过程，为以后太极拳的修炼打下坚实基础。

2. 节节贯穿

《拳论》有云"其根在脚，发于腿、主宰于腰、形于手指，由脚而腿而腰，总须完整一气。"节节贯穿就是指这种劲从脚起，发于腿，主宰于腰，形于手指，身体各关节依次而动，一动全动的特定的运行方式。

节节贯穿是太极拳独特的运行方式，具有重要意义：养生方面可以产生内气，保证良好的气血运行；技击方面可以增加关节活动度和身体的协调性；修心方面可以学会柔化、避其锋芒、以柔克刚。

（1）节节贯穿的原理

1）顺序理论。节节贯穿是对前后两个定式动作之间的运动方式进行规范和细化，每个部位的运动都有规律。

2）曲线理论。各关节的运动是以腰脊为中心，使颈、脊、腰、胯、膝、踝、肩、肘、腕九个主要的运动关节，依次贯穿如九曲圆珠，才能促成全身动态，像一条既有左右，又有上下、前后的运动曲线，一动全动。

（2）节节贯穿的教学要求。节节贯穿是太极拳的显著特点、是一种肢体的运动方式，也是太极拳独特的运动模式。如果把每个准确的定式动作看成运动中的一个个点，那么节节贯穿运动就是连接点和点之间的线，点和线组成了一个比较完整的太极拳运动。通过吻合人体经络和骨骼最佳受力状态的拳架，完成了太极拳定式动作的训练，也就是确定了点，点确定了，太极拳运动的框架就确定了。节节贯穿运动是对前后两个定式动作之间的运动方式进行规范和细化。

在教学上，如果尚不能很好地掌握拳架时，不建议开始学习节节贯穿，否则容易产生亏空。在太极拳学习过程中，"劲"是第一个阶段，在这个阶段，太极拳教练员不会特别强调节节贯穿的训练，因为学员一定要先身体贯通，产生明显根劲之后方可习练节节贯穿。有了根劲才可以借到大地的反弹力，才能有节节贯穿运动的原动力。

刚开始做风箱式节节贯穿训练的学员，能量往往是消耗的多，积累的少。早期训练时，身体容易产生乏力等现象，最好的解决办法就是继续加强准确定式动作的练习。

风箱式节节贯穿运动的过程，内气通过节节贯穿运动从脚到手，到手以后要求身体下沉，形成定式动作，再从手回到脚，久而久之身体中的内气就会逐渐饱满。这就是理论所说的"前一个动作的结束就是下一个动作的开始"。

节节贯穿运动体系的目的是让身体各个关节的活动幅度变大并培养内气，这个阶段属于四大境界中"技"的早期阶段，通常需要1~2年的训练，而且比较枯燥，不像第一个体系这样让人兴奋。因为获得根劲是一个质变的过程，是一个"给力"的过程，它能够很迅速地让力量变得很大。而节节贯穿只是个过渡阶段，属于量变的过程，学员会发现自己的功力提高得不是很快，技术也一般，推手时一用力就顶，一松就丢。但这是太极拳由初级阶段向高级阶段进阶的必须过程，只要突破这个阶段，那就会体验到"柳暗花明又一村"的感觉。

3.3　太极拳初级习练方法

无论习练何种拳术，都必须有循序渐进的理论作指导。太极拳的练习更是知行合一的过程，必须有正确的指导思想，理论和实践相互促进、相互提高，只有路子正，方法对，才能见效快。循序渐进地练习太极拳，看似好像效果慢，但实际上快；而急于求成，妄求一步登天的想法是不能真正进入太极拳之门的。太极拳练习过程的六个阶段循序渐进、相辅相成、循环往复、缺一不可。对于初学者而言，第一、二阶段重点在于强调准确的太极拳动作，这是练习太极拳的基础，也是达到太极拳更高境界的必经阶段。

以下是对于太极拳初学者要掌握的侧重点、练习方法以及常见的练拳误区的明确指导，练习者可根据各自的学习阶段，结合对应的理论指导练习，必将大大提高学拳效率。

3.3.1 熟练套路、明确定势

"套路"是指太极拳的整套架式。

"定势"是指每个架式的动作要求。

对于初学者来说，应主要侧重于套路的熟练和方位的正确，同时适当注意姿势的规范。

通过一段时间的练习，对套路熟练后，则需侧重于姿势的规范。只有在姿势和运行线路正确的前提下，才能逐渐产生内气，发挥太极拳应有的效应。

对于太极拳初练者只要求明确每个定式手脚的位置、方向，基本线路的运行，同时在思想上要对准确性和口诀绝对重视。

经过一段时间的训练后即可熟练套路，此时就可以进一步考虑动作的要求，从脚到头，一招一式地纠正，同时要细心揣摩，由表及里，克服急躁情绪。

练习太极拳线路运行的速度需尽量放慢，以利于揣摩思考动作的正确与否。

注意事项：至于一些不可避免的问题，比如挑肩架肘，横气填胸，呼吸发喘，手足颤抖等，在此阶段不宜纠正，但必须加以说明。太极拳动作的准确性和人体的经络、骨骼有着密不可分的关系。拳架动作只有吻合人体骨骼的最佳受力状态，才能保证经络的畅通，产生整体的合劲，才能通过准确受力点的动作把力往脚下传，当力传到脚的时候，才能为以后的学习打下了坚实的基础。

3.3.2 调整姿势、理解放松

1. 调整姿势

"姿势"是指练拳时对周身各部位的要求，同时为了今后有利于对所有骨关节的灵活与放松，就必须有意识地去做一些伸筋拔骨的动作，比如要领里面的上下对开、手掌外撑等。

在这个阶段中，可以适当地练习一些发力的动作，如金刚捣碓、掩手肱拳等，但必须尽量放松，不用拙力。

《拳论》中说："一层深一层，层层妙无穷。"说明在不同的阶段，有不同的习练方法。

在调整姿势、周身放松的阶段，练习方法的要求包括：需保持立身中正，不偏不倚，胯关节放松，屈膝、圆裆（内撑外包）、肩关节自然下沉。练拳时要留意姿势上的调整，注意手一定要领起，不可软散无力。通过一段时间的练习，姿势上得到调整，位置基本正确，只有在位置准确的情况下，经络才会畅通，随着准确性的提高，开始松、沉和节节贯串的学习，逐渐引动内气，进入以外形催内气的阶段。

这个阶段虽然感到有内气活动，但若有若无，如"无源之水，断薪（注：薪即柴也）之烟，渺渺乎而不连"，在外形上不能圆满顺随，表现为断劲或顶劲，外刚内空，在技击上则表现为全身有劲，但力不从心，头重脚轻，故称为"一阴九阳根头棍。"

2. 理解放松

第二阶段主要容易出现的问题有：立身不正、横气填胸、挑肩架肘。其根本原因有两个：一是腿部的支撑力不足，身体难以放松；二是对"放松"的含义理解不够，无法朝着"放松"的目标去努力。

所谓"放松"，不是不用力，不用力是"丢"，而是动作在吻合人体骨骼最佳受力状态的情况下，全身各部自然协调地放松，这样才有利于气的下沉。

《太极拳论》中说："身体必以端正为本，放松以周身自然为妙。"说明套路架式的练习，身法上要以立身中正为根本。

其中，"端正"有两种含义：

一是躯干四肢及头的位置中正，即身体不偏不倚。

二是指身体在有意歪斜的情况下，保持着力学负重点的相对平衡。例如开步时的上行下进动作（其实就是上下对开），足以说明这一点。

由于初学者对这些问题没有理解或注意，而且功力浅薄，所以不可避免地发生上述问题。纠正的方法除了教练员不断地进行调整、检验外，自己也要用心去悟，认真地去理解"立身中正、周身放松"的内在含义。同时根据自己的身体素质，坚持练习，待腿部力量逐渐增强，准确性不断提高，身体也会慢慢地放松，从而可使胸部、背部、肋部及膈肌下沉，体内的气机升降协调，呼吸自然，肺活量增强，诸如横气填胸的问题也就会自然消除。

3.4 太极拳经典理论

3.4.1 《太极拳论》

《太极拳论》是至今流传普及最广，被认可度最高的经典拳理之一，是中国太极拳的经典。其作者王宗岳，是太极拳史中一个至关重要的人物，清初山西人，生于康熙四十五年，卒于乾隆三十年后，学识渊博，精于拳法，晚年首创以太极学说阐述拳法奥秘，开一代学说之宗。相传，《太极拳论》后经武禹襄等之手传出。

王宗岳以中国深厚的传统文化为基础，融拳术理论与中国传统哲理为一体，拳理合一，即以理释拳，又以拳释理，写成《太极拳论》，这是武术技击与理论发展到一定程度的结果，武术实践的发展是促成其出现的主因。《太极拳论》是一篇明显的议论性文章，虽寥寥数百字，却层次分明，结构严谨，将所述之拳术从立意、入门、练习要领、方法、易错和改正之法一一阐明，文章中并没有提到太极拳的具体拳架，而是高度概括和界定了太极拳。

第一阶段阐述太极阴阳学说："太极者，无极而生，动静之机，阴阳之母也。动之则分，静之则合。无过不及，随曲就伸。人刚我柔谓之走，我顺人背谓之粘。动急则急应，动缓则缓随。虽变化万端，而理为一贯。"

第二阶段阐述了太极拳练习方法和步骤："由着熟而渐悟懂劲，由懂劲而阶及神明。"

第三阶段讲的是太极拳的练习过程："然非用力之久，不能豁然贯通焉。虚灵顶劲，气沉丹田。不偏不倚，忽隐忽现。左重则左虚，右重则右杳。仰之则弥高，俯之则弥深，进之则愈长，退之则愈促。"

第四阶段讲太极拳练成之后的高深境界："一羽不能加，蝇虫不能落，人不知我，我独知人。英雄所向无敌，盖皆由此而及也。"

第五阶段讲的是太极拳与其他武术的区别："斯技旁门甚多，虽势有区别，概不外，壮欺弱，慢让快耳。有力打无力，手慢让手快，是皆先天自然之能，非关学力而有为也。察四两拨千斤之句，显非力胜；观耄耋御众之形，快何能为。"

第六阶段讲的是太极拳双重的问题："立如秤准，活如车轮，偏沉则随，双重则滞。每见数年纯功，不能运化者，率皆自为人制，双重之病未悟耳。欲避此病，须知阴阳；粘即是走，走即是粘，阳不离阴，阴不离阳；阴阳相济，方为懂劲。懂劲后，愈练愈精，默识揣摩，渐至从心所欲。本是舍己从人，多误舍近求远。"

总结："所谓差之毫厘，谬之千里，学者不可不详辨焉。是为论！"

以中国传统文化哲理和武术技击理论为两大基石的《太极拳论》融入了中国传统文化中的太极论、中庸思想、阴阳论、气论、中国古代辩证思想、知行合一的哲学思想和知己知彼、以静制动、以柔克刚、后发制人、舍己从人的技术理念，是中国先辈流传于后世的经典智慧！

3.4.2 太极拳内气

1. 气的概述

气是中医学中的基本概念之一，气是维持生命活动的基本物质，气藏于血中，可运行于血脉之外，可聚集于穴位之中，在内维系脏腑功能，在外濡养皮肉筋骨，可用于修复组织器官，抵御外邪。用于濡养功能的气称荣气，用于防御功能的气称卫气；分布于经络之中的气称经络之气，分布于脏腑的称脏气或腑气，分布于心的气称心气，分布于胃的气为胃气；聚集于胸部的称宗气，聚集于小腹丹田部位的称元气；生命活动正常运行的气称正气，致使生命活动运动不正常的气称邪气；维系身体功能供应能量的气称谷气，确保脏腑功能正常产生与生发之气称真气。气的外在生命活动表现称为神，有气者为得神，无气者无神，少气者少神，气足者神全。气在穴位中运行与停留，穴位又称气穴，穴中之气由经络所生发，经络之气由脏腑所生发，脏腑之气始源于脾胃中的食物与肺系呼吸之气。针灸通过调节穴位之气来调节经络或脏腑之气，药物多通过调节脏腑之气来调节脏腑经络。气可转化为精，藏于五脏之中，或藏于骨髓之中，以供不时之需。精可化为气，气可化为神。道家敛神以集气，敛气以藏精，用于延缓衰老。气的运行受天气变化，七情六欲，饮食房事等的影响，中医的作用在于调气。气又分阴阳，运行于脏器及其相应经络之中的气称阴气，运行于腑中及其相应经络之中的气称阳气。

（1）气的基本概念

1）气是构成宇宙的最基本物质。气在宇宙中有两种形态：一是弥漫而剧烈运动的状态，由于细小、弥散、加上不停运动，难以直接察知，故称"无形"；二是凝聚状态，细小而弥散的气，集中凝聚在一起，就成为看得见，摸得着的实体，故称"有形"。

2）气是构成人体的最基本物质。

3）气是维持人体生命活动的最基本物质。

（2）气的生成

1）先天精气：来自父母。脏腑定位在肾（命门）。

2）后天水谷之气：消化吸收之物质。脏腑定位在脾胃。

3）清气：呼吸而入。脏腑定位在肺。

（3）气的运动和运动形式

1）中医称气的运动为"气机"。

3）气的运动有升、降、出、入四种运动形式。

3）气在不同脏腑中有不同表现形式。

4）气流布全身各处，走到脏腑就叫脏腑之气，至血脉内外则称营卫之气，至经络则称经络之气等。

（4）气的生理功能

1）推动作用。

2）温煦作用。

3）固摄作用。

4）防御作用。

5）气化作用。

（5）气的种类

依气的来源作为标准划分可分为以下几类：

1）元气。元气是人体中最基本、最主要的气，是由肾中精气、脾胃水谷之气及肺中清气所组成，分布于全身各处。

2）宗气。宗气由清气及谷气相合而成，以贯心脉而司呼吸。

3）营气。营气是谷气之精专部分，旨在化生血液、营养全身。营气的运行路径有二：一为十二经脉（精专营气）；二为任督，阳跷，阴跷。

4）卫气。卫气是水谷之悍气，有温分肉、充皮肤、肥腠理、司开阖的作用。

5）脏腑经络之气。脏腑经络之气和全身的气一样。是精气清气、水谷之气经肺、脾、肾共同作用而化生，可转化为推动和维持脏腑经络进行生理活动的能量，可更新充实脏腑经络的组织结构并生成五脏六腑之精而储存。

2. 太极拳与内气

（1）太极拳内气的产生原理。太极拳的内气是通过符合经络和骨骼受力的最佳外形，吻合太极阴阳之理的动作而产生的。培育体内的内气，使内气变得强大的方法有很多，很多的内家拳和气功锻炼的方法都可以培育内气。气功锻炼培育内气的方法大多是通过静坐、意守的方法来达到的，而太极拳的内气培育是通过特定的动作来达到的。

体内的内气是在经络中运行的，经络在空间上的走向和通畅程度会影响内气运行的顺畅程度。如果把经络比喻成水管，把内气比喻成水，在胡乱卷曲的水管一头倒入一杯水，水很难从水管的另一头流出来，因为水在水管内受到了很大的阻力，瘀滞在水管里了。但如果把水管理顺，其外形能够让管内的水受到的阻力最小，那么水就可以从水管的另一头顺利地流出来，这时水管处于"贯通"状态。所以对初学太极拳的人而言，拳架必须非常准确，而且要在手上加外力来检验力是否能到足，这时经络在空间上的走向非常有利于内气在手和足的经络中流动。如果所有的定式动作都可以通过这种检验方式，说明经络的空间走向已经非常有利于内气在经络中的运行。

吻合太极阴阳之理的动作是增加内气的绝佳方法，比如，动作"金刚捣锥"中上右步前两手往外开的动作，它要求收腹下沉含胸拔背以肩催肘，肘催手的方式一节一节打开，而这时是手在开、胸在合，又吻合了太极的开中带合的理念，同时有开有合，又吻合了太极是相互矛盾而又是统一的运动这一说法，这个动作也是个以外形催内气典型的动作，这种类型的动作能够显著增加横膈膜的活动，腹腔和胸腔中出现节律的压力变化，产生按摩内脏的效果，使肺活量增大，胃肠的消化能力增强，肾脏的功能增强，体内内气也自然会越来越强。当然，它要求整套拳都要有这样的理念。

（2）正确理解"以意导气"。如果人体内的内气增强，经络的空间走向通畅，内气的活动才能越来越顺畅，这是一个良性循环，内气越强，经络会越通畅；经络越通畅，气血营养脏腑的功能会越好，内气会越强。当内气增长到一定程度时，对外形的要求会逐渐降低，也就是逐渐过渡到内气催外形的阶段。就像将一大桶水倒入随意弯曲的水管里，水管会自然地形成最利于水流动的外形了。要达到这种状态，必须满足三个条件：1）水量足够大，水压足够高；2）水管必须是软的；3）水管内部必须是通畅的，否则就会爆管。引申到太极拳中，要做到内气催外形，必须有强大的内气、身体要松、经络内部要通畅。到了内气催外形的阶段，才能真正体会体内内气无碍无阻地流动。因此学习太极拳需要经过外形催内气的阶段和内气催外形的阶段。在外形催内气阶段，必须强调动作的准确性。在内气不够充沛的情况下，不建议采用"以意导气"练习太极拳，也不可过度地练习发劲动作。

3.4.3 太极拳推手

太极拳推手也称打手、揉手、搋手，是太极拳的双人徒手对抗练习，与太极拳套路是体与用的关系，互相补充，相得益彰，至今已有悠久的历史。作为太极拳的一门古老而独特的练习法门，对太极拳推手需要了解其基本概念。

1. 太极拳推手的含义

太极拳推手是检验太极拳拳架是否准确的一种训练方法，是进阶太极拳散手的一个过程。

2. 太极拳推手的分类

太极拳推手从运动形式上可分为定步推手和活步推手两种，目前创编的太极拳推手对练套路，将定步和活步这两种形式有机融合，以柔克刚，手推运推，其运动形式表现为静中有动，动中有静，而其基本功是训练掤、捋、挤、按的四正推手和训练采、挒、肘、靠的四隅推手。太极拳推手对练套路是吸取了各流派推手的精华而创编的，它具有传统性、科学性、健身性、技击性、观赏性和娱乐性，因而易于普及。

太极拳推手各派形式诸多，如：推平圆、推立圆、单推手、双推手、定步推手、活步推手、四正四隅推手、一进一退推手、三进两退推手、两进三退推手、大推手、烂踩花推手、散推手等。如此之多的推手，是各派拳师在教拳过程中创造的，主要是为了达到两个目的，一是便于初学者进门入道，二是显示传统内容之多。有一利必有一弊，无形中为推手而推手，在推手中练推手，从而导致了现代推手竞技运动中，大部分习练者不练拳架专练推手，舍本求末。一般人在推手中练平圆、练立圆、练腰胯劲等，而与拳架脱节，因而难以产生太极高手。真正的推手功夫是在拳架中习练而成的，推手只是对意与形的检验，是判断能否将拳架中练习而成的技击能力充分发挥出来的方法而已。

3. 太极推手的作用

练习拳架是训练知己的功夫，能够培养内气，增长内劲，提高功力。而推手则是训练知彼的功夫，只有通过推手的练习才能知道如何应付对方的进攻以及拳架的不足，从而进一步使拳架更加准确，以达到提高功力和技术的目的。

4. 太极推手的训练方法

太极推手是一种需要双方互相配合的训练方法，需要彼此之间喂招和拆招，开始阶段预先规定谁喂招，谁拆招。喂招的人要根据对方的水平给予多大的力，喂什么方向的力，而拆招的一方需要考虑的是用哪个招式可以不丢不顶地化掉对方的那个力。在这个过程中如果产生了丢顶，那就要在拳架上找原因并加以改正，然后再定型拳架，最后才是融会贯通。随后喂招的一方可以加大力的强度和速度并改变力的方向，而拆招的一方始终要贯彻不丢不顶地将拳中的招式发挥得淋漓尽致。当这种不丢不顶变成本能的时候，太极推手就能得到很好的提升。

太极拳是需要检验的，一是要检验定式动作的准确性，二是要检验运行线路的准确性。定式动作的检验就是让对方在各个方向加上力,这个力能够传到脚底。太极拳的理论基础是太极的阴阳之理,而生理基础是中医的经络和骨骼学说。定式动作必须吻合经络和骨骼的最佳受力点,才能将对方的力传到脚底并承受住对方的力。这就是太极拳经典理论中的"太极拳需支撑八面"一说。运行线路的检验是让对方在自己身上加力,要能够让对方在使不出力的情况下完成太极拳动作。如果让对方使出力的情况下做动作,那就是顶;而为了让对方不出力,自己完不成动作就是丢。因此,检验动作就是训练不丢不顶的一种方法。让对方推着你做动作就是太极拳推手的一种简化方式。

5. 太极拳拳架动作与推手的关系

要通透太极拳的内涵需要功力和技术,缺一不可,就像太极阴阳的两个方面。常言道"一力降十会""一巧破千斤",看上去相互对立,但这两个方面又是相互为根、相互转化的。通过拳架的训练能够增加内劲和功力。通过太极推手的训练能够使不丢不顶的技术得到强化。而推手训练又能够规范拳架提高功力,功力提高了,不丢不顶的技术就能得到进一步的升华。最后的太极散手就是功力和技术的完美结合,而做到"温柔时使人毫无痛楚,而翻跌绝妙;猛烈时亦可使人如受巨浪冲击"的技击高层境界。要达到太极拳技击的高层境界,太极拳拳架和推手训练缺一不可,但其根本是在拳架上,因为准确的拳架是快速产生内气、内劲的方法,有了内气才能在身体上产生阴阳、虚实变化,才能体现太极拳独特的技击魅力,推手是一种检验太极拳拳架是否准确的训练方法。

3.5 太极拳相关文化

3.5.1 太极文化和《易经》

中华太极文化和《易经》文化具有非常悠久的历史,阐明了宇宙的根源和事物发展变化的规律。中华民族把太极文化运用到社会生产和生活的各个方面,创造出了灿烂辉煌的中华文明,为中华后人所骄傲,为世界人民所赞赏和追求。

1. 太极文化起源与发展概况

道家的创始人老聃为后人留下了完美体现中华太极文化的经典文本《道德经》。《道德经》中充满着中华太极文化的真智慧,道是宇宙的本原,"道生一,一生二,二生三,三生万物。"道是无形的,它表现在他所生出的那个"一"中,这个"一"就是太极,是宇宙形态的最高形式。《道德经》对中华太极文化的最大贡献就是对《易经》学说进行了补充，阐明了事物发展变化的根源，究其变，知其源，倡导实事求是的思想方法，为中华太极文化融入了鲜活的灵魂，是中华文化的底蕴和真智慧。

经过战国、秦汉之间的大规模战乱，古典文化典籍受到大规模的损毁，再加上秦、汉两代的集权式政治统治，文化成了为封建统治阶级服务的工具，以致中华太极文化的发展在这里发生了重大转折。易学尽管还借儒学的外壳得以存在，但已逐渐成了脱离实际的形式，易的数、象、义、理完全被割裂了，被不同的人应用在不同的行业领域，良莠不齐，以此得以残存。老聃道德之学一是被统治者应用到了政治领域，二是被道家修炼之士应用到身体修炼之中。由于战争在政治斗争的重大作用，因而，《孙子兵法》依然放射出耀眼的光辉，被政治、军事专家所研习，保存着它的实质精神。医药行业是保存太极理论思想比较完好的领域，但在张仲景之后，创新和发展非常有限。工、商业则不被封建统治者所重视，很少有新的创意和突破，最终落后于世界发展的行列。

尽管如此，太极文化并没有湮灭，它在民间始终保存着火种，最终，国人经过探索和总结，创造出太极文化发展的新的结晶"太极拳"。太极拳的产生是中华文化发展中的一件大事，它是中华太极文化发展到了巅峰时期的产物，它为后世进一步传承和发扬中华文化的真正核心智慧提供了一个范本，是为参悟宇宙之道而用身心来印证的一个证据。

2.《易经》学说与太极拳拳理

众所周知，《易经》和阴阳、五行理论都是中国古典哲学理论。这些理论对中国的文化、教育、军事、武术、医学、宗教等都产生了极其深远的影响。现今很多领域的理论体系都包含着这些哲学思想。太极拳则在一定的哲学思想上建立起的一套系统的拳术，据此拳理，结合以往历代先人实战经验和技法创造出基本骨架和基本技法，再在实践中不断完善和发展成为一门寓哲学于功法、寓养生于练习、寓精神于技击的拳法。

阴阳学说是太极拳的理论基础。《易经·系词》上传中说："易有太极，是生两仪，两仪生四象、四象生八卦，八卦定吉凶，吉凶生大业"，并指出"生生之谓易"，通过阴阳两仪，论述太极理论。作为太极拳的创造者，不可避免地受到《易经》学说，阴阳、五行、八卦学说的影响，将其运用于武术，创造出了太极拳。

首先是从卦爻的刚柔入手。"太极图"是研究易学原理的重要图形，它包含了天地万物的普遍规律。宋代学者周敦颐的著作《太极图说》说明了阴阳是对立统一体，阴阳理论是"易"学最高理论原则。将阴阳学说运用于武术，就是将太极图运用于武术，因此太极图也成为太极拳的图徽。习拳者本身，就是一个矛盾体，因此《易经》学说中的阴阳学说，始终贯穿在太极拳的形成发展过程中，没有太极的阴阳之理，就不能称之为太极拳。

五行学说认为，阴阳二气交和而生五行并由其构成宇宙万物，金、木、水、火、土五种最基本的元素，具有相生相克的属性。

木，五行之一，为一自然物质。其性曲直。曲，弯曲踊直，笔直。即木虽有曲有直，但总向一个方向延伸，有绕进之意。由这一行所指示的技法是对敌的步法，也是对阵的策略。用这一技法对敌，则避实就虚，有绕进破敌之效，是专克土行指示的技法。

将这一技法贯以技击的实际内容，命名为"左顾"（取左上之意），即十三势中"左顾"这一技法。

火，五行之一。其性燃上。上，就是进，火有急之意。这一行所指示的技法为对敌的步法，也是对阵时的策略。用这一技法对敌，则有急进而以势逼敌，急火攻心的破敌之效，是专克金行指示的技法。

将这一技法贯以技击的实际内容，命名为"进"（急上之急），即十三势中"进"这一技法。

土，五行之一，为一自然物质。其性敦阜。敦者，厚也；厚者，实也。阜者，土山也，取固定之意。由这一行所示的步法为对敌的步法，也是对阵的策略。用这一技法对敌，则固本守中，有不为敌所动之效，是专克水行指示的技法。

将这一技法贯以技击的实际内容，命名为"中定"（不动）即十三势中"中定"这一技法。

金，五行之一，为一自然物质。其性从革。从者，随也；革者，坚韧难破之物也。由这一行指示的技法为对敌的步法，也是对阵的策略。用这一技法对敌之坚固难破之势，有虽退而不离其左右之效，也有舍己从人，退随而泄其势之效，是专克木行指示的技法。

将这一技法贯之以技击的实际内容，命名为"右盼"（取右下之意），即十三势中"右盼"这一技法。

水，五行之一，为一自然物质。其性润下，下者，后退者也。这一行指示的技法为对敌的步法，也是对阵的策略。用这一技法击敌，引进落空，诱敌深入，有穷敌势之效。

将这一技法贯之以技击的实际内容，命名为"退"（向下），即十三势中"退"这一技法。

易经八卦学说，也是来源于阴阳学说的又一经典学说。根据太极拳原理创造的太极十三势，首先是从八个卦的本性入手，在八卦中，每一卦都是由阴爻（--）和阳爻（—）组成，在拳路中，阴代表柔劲，阳代表刚劲，因此八卦可以指示八卦的刚柔之性。八卦分别是指乾、坤、坎、离、巽、震、兑、艮八卦。在《杨谱：清代杨氏传抄老谱之八门五步》中提到："掤、捋、挤、按，采、挒、肘、靠——方位，坤、坎、离、巽、震、兑、艮——八门。方位八门，乃为阴阳颠倒之理，周而复始，随其所行也。总之，四正四隅不可不知也。夫掤、捋、挤、按是四正手，采、挒、肘、靠是四隅之手。合隅位之手，得门、位之卦。以身分步，五行在意，支撑八面。"这正是易经八卦学说与太极拳拳理的高度契合。

3.5.2 太极拳与哲学

"太极"作为一个古老的哲学概念，它是华夏文明的结晶，是中国传统文化的根基。人类历史上，涌现出了许许多多的运动、武术，但几乎没有一种可以像太极拳这样，与哲学有这么密切的关系。这里谈的哲学，并不是指通常概念的西方哲学，而是指中国传统的儒、释、道文化中蕴含的辩证的思想。

太极拳阴极生阳，阳极生阴，"阴阳"是古代哲学理论中用来说明一切事物内部不同属性之间的相互关系的代名词，阴与阳具有对立统一、相互依存、相互协调、相互转化的特点。阴中须有阳，阳中须有阴；阴极而生阳，阳极而生阴。太极拳就是在这一理论体系的基础上，创造出的刚柔相济、顺逆缠丝、内外相合、上下相通、快慢相间、形气两利的拳种。

经典太极图，就是对太极哲学含义的一个形象而贴切的概括。从太极图上看：太极呈一圆，圆中有黑白两部分，俗称"阴阳鱼"，两鱼互抱，循环往复；黑鱼中有一白眼，白鱼中有一黑眼，代表了"阴中有阳，阳中有阴"，它们维系了阴阳的平衡。

太极拳作为充分承载太极思想的拳种，就必须在拳架中充分体现阴阳之理。而练习太极拳的过程中，也要不断去感悟其中深层次的"太极哲学"内涵：如何在拳架的运行过程中保持身体各个部位的阴阳变化和阴阳互变，如何做到动作中的"阴中有阳，阳中有阴"。

古人将太极的思想和内涵融入拳架的每一个动作里，于是就有了太极拳。在真正太极拳的练习中，是需要在动作中不断地体现和感悟太极的文化和精髓，所以有人把太极拳称之为"哲拳"。作为"哲拳"的太极拳，它必须包含"太极"和"拳"的两层含义，也只有在拳架中充分地体现了太极的阴阳之理，才能算是真正的太极拳。

太极拳作为内家拳的优秀代表，在养生哲学方面，亦有其独到之处。它倡导运用天地、大自然的规律去顺养人们的身体，是以自然之道养自然之身，即老子《道德经》所云："人法地，地法天，天法道，道法自然。"

人为天地所生，天地为阴阳二气所衍，天地之间的最根本的规律即为阴阳之道。世界上的人和物也有阴阳之分，男属阳女属阴，仅有男人或仅有女人，人类都不能延续下去。动物也分阴阳，雄性为阳雌性为阴，独有雄性或独有雌性，物种也无法繁衍。天气、四季也有阴阳之分，雨天为阴，晴天为阳，冬天为阴，夏天为阳。不管是什么事物，阴阳失衡就会打乱事物正常的秩序。正如《易经》中所说："一阴一阳之谓道。"

阴阳平衡才是人体生命活力的根本。阴阳平衡的人，就会气血充足、精力充沛、五脏健康、容光焕发、心情舒畅。而阴阳失衡的人就会得各种疾病，身体各种机能就会过早衰退，甚至死亡。所以从养生角度来讲，阴阳平衡对人的身体健康非常重要，只有让阴阳平衡才能达到养生的目的。《黄帝内经》讲："阴阳者，天地之道也，万物之纲纪，变化之父母，生杀之本始，神明之府也。"意思就是说，人生病，无非就是阴阳不调造成的。

人的生命就像树木一样，是一个从发芽到生长、成熟、结果、衰弱到死亡的过程。中医也认为，春生、夏长、秋收、冬藏；晨生、午长、晚收、夜藏。人的生命不可能违背自然规律，太极拳的养生哲学，其根本就在于"顺养"二字。

《上古天真论》有云："上古之人，其知道者，法于阴阳。"太极拳的养生哲学理念，深深印证了这一点：人要保证其正常的生命活动和良好的养生效果，就必须以自然之道，养自然之身，道法自然。

太极拳作为内家拳里卓越的代表，不仅体现在养生哲学方面，还在高层次的内在修炼上有丰富的内涵：讲究的是"性命双修"，追求的是"天人合一"的思想和境界，倡导以拳悟道。

"天人合一"的思想观念最早是由庄子阐述的，后被汉代思想家、阴阳家董仲舒发展为天人合一的哲学思想体系。天人合一是中国哲学的基本精神，也是中国哲学异于西方的最显著的特征，其义蕴含丰富，这里仅作简约叙述。

天就是自然的代表，"天人合一"有两层意思：一是天人一致，宇宙自然是大天地，人则是一个小天地；二是天人相应，或天人相通，是说人和自然在某种能量层次上是相通的，故一切人、事、物均应顺乎自然规律，达到人和外界自然和谐、合二为一的最终境界。

人体能量成分从低到高可依次分为精、气（炁）、神三级：通过食和呼吸摄取的能量加上特定的外形运动加吐纳产生精；精则有形推动血气的运行、供给身体动力，并清除体内坏的能量、避免外来邪气的侵袭；气、神则是在建立人身与天地能量的沟通管道。

人身的能量与天地是对流的，人可以取用天地无穷的能量而延长寿命。太极拳练气（能量）的基本原理就是，通过符合经络和骨骼最佳受力结构的外形，和吻合太极阴阳之理的动作，在体内产生"气的种子"，种子会与天地间同一频谱的能量相应，依据种子的性质将同类的气引进身体。

太极拳在内家拳修炼的过程中，通过特定拳架动作的引导，内气（炁）就会逐渐从"下元"渗透到整个身体，就会形成包覆身体内外的浩然之气，来沟通天地之间的能量，从而提升神经功能、活化细胞并增强自身的能量。《性命圭旨》讲"道也者，果何谓也？一言以定之，炁也"。道就是炁，得炁这个境界道家就称为"得道"。

太极是文化、是思想、是哲学，在练习太极拳的过程中，要通过不断感悟太极的哲学内涵，科学养生、以拳悟道。

3.5.3 太极拳的养生思想和养生功效

1. 中国传统养生文化

养生就是根据中医理论，运用调神、导引、四时调摄、食养、药养的方法来达到保养身体、减少疾病、增进健康和延年益寿的目的。

（1）"上工治未病"与《黄帝内经》。《素问·四气调神大论》曰："是故圣人不治已病治未病，不治已乱治未乱，此之谓也。"《难经·第七十七难》曰："经言上工治未病，中工治已病者，何谓也。""上工治未病"在中国传统的养生领域内是非常重要的观念。"上工治未病"是指高明的医生不是等生病以后治疗，而是在没有生病的时候就采用一些方法预防疾病的发生。

"上工治未病"的思想与《黄帝内经》有很大关联。《黄帝内经》形成于战国至秦汉时期，是关于中国养生文化和中医文化最重要的古籍之一，翔实阐述了养生文化的理论基础，主要通过黄帝和他的老师岐伯的对话形式来完成的。

黄帝乃问于天师（岐伯）曰："余闻上古之人，春秋皆度百岁，而动作不衰。今时之人，年半百而动作皆衰者，时世异耶？人将失之耶？"岐伯对曰："上古之人，其知道者，法于阴阳，和于术数，食饮有节，起居有常，不妄作劳，故能形与神俱，而尽终其天年，度百岁乃去。今时之人不然也，以酒为浆，以妄为常，醉以入房，以欲竭其精，以耗散其真，不知持满，不时御神，务快其心，逆于生乐，起居无节，故半百而衰也。夫上古圣人之教下也，皆谓之虚邪贼风，避之有时，恬淡虚无，真气从之，精神内守，病安从来。是以志闲而少欲，心安而不惧，形劳而不倦，气从以顺，各从其欲，皆得所愿。"

（2）中国传统养生文化注重阴阳平衡。养生的目的是健康，健康从中医角度而言就是指阴阳平衡。《黄帝内经》曰："阴平阳秘，精神乃治。"阴阳平衡讲究的原则是天人合一。《灵枢·刺节真邪》说："与天地相应，与四时相副，人参天地。"人应效仿天地而生，人的气血规律要顺应天的气血运行规律，这样才能达到"同气相求，同类相应。顺则为利，逆则为害"。简言之，人的生命节奏要顺应天的自然节奏。

1）一生的气血运行规律。人从出生至20岁是气血最旺的时候，之后逐渐衰减，这是气血变化的过程。人的生活习惯、运动习惯必须顺应气血变化。

2）一年的气血运行规律。人的气血是应跟着春生、夏长、秋收、冬藏的规律变化。

3）一天的气血运行规律。人有十二条经脉，每条经脉在每个时辰走的地方不同。例如，23点至1点是胆经当令，1点至3点是肝经当令。

如果顺着这三个节奏走，身体很容易达到健康的状态。

"天行健，君子以自强不息。""健康"的"健"代表了人体气血运行情况，"康"指经络通畅。当人顺着这个节奏去走，身体上的气血很容易运行通畅，经络也很容易通畅，也就非常容易达到健康的状态。气血运行不足、经络不通畅会使五脏六腑失去气血的濡养，从而导致五脏六腑调节阴阳平衡的能力减弱，造成"亚健康"或"不健康"的状态，最终形成各种疾病。所以，养生的关键是调整好阴阳平衡。

（3）以自然之道，养自然之身，修自然之心。中国古代的养生方法借鉴《黄帝内经》中的思想，可以从"三个外因，一个内因"来解释。三个外因：一是好的生活习惯，即食饮有节、起居有常、不妄作劳；二是心理健康，即恬淡虚无、志闲而少欲；三是养生的运动，做到心安而不惧，形劳而不倦，气从以顺。一个内因是指先天禀赋。其他养生文献中对养生观念也有表述，如《道机》中说："人生而命有长短者，非自然也。皆由将身不谨，饮食过差，淫泆无度，忤逆阴阳，魂神不守，精竭命衰，百病萌生，故不终其寿。"养生是一个系统工程，需要食饮有节、起居有常、不妄作劳，保持良好的生理状态与合理的运动。

重视养生的时间，《黄帝内经》中说，"女子：四七，筋骨坚，发长极，身体盛壮；五七，阳明脉衰，面始焦，发始堕；男子：四八，筋骨隆盛，肌肉满壮；五八，肾气衰，发堕齿槁。"也就是说，女子28岁后身体机能发展到鼎盛，35岁后身体机能开始衰退；男子32岁后身体机能发展到鼎盛，40岁后身体机能开始衰退。当身体机能开始衰退时就需要开始重视养生。

养生的要诀：

1）食饮有节。陈纪元曰："百病横夭，多由饮食。饮食之患，过于声色。"声色可绝之逾年，饮食不可废之一日。为益亦多，为患亦切（多则切伤，少则增益）。如何做到饮食有节，在《黄帝内经·脏器法时论篇》中讲到"五谷为养、五果为助、五畜为益、五菜为充"，现代人光吃水果、光吃肉的做法是都不符合传统养生观念的。"气味合而服之，以补精益气。"气：温热凉寒；味：酸苦甘辛咸，食物的气和味要和人体的脏腑相合。例如，羊肉温补，但常吃容易上火。因此冬天吃羊肉的时候加入萝卜或生姜可以将羊肉的火性去掉，吃羊肉不得加辣和醋。羊肉适合虚劳怕冷、中气不足的人，不适合患口干、烦躁、大便干结、肝炎等热性病的人。传统的饮食不光注重口味，也注重阴阳平衡。另外，食饮有节即注意节制、节气和节律。

①节制，《元阳经》曰："当少饮食，多则气逆，百脉闭。百脉闭则气不行，气不行则生病。"胰腺疾病从临床角度看，原因是不节饮食，蛋糕、肉食过度。

②节气，真人言："春宜食辛，夏宜食酸，秋宜食苦，冬宜食咸，此皆助五藏，益血气，辟诸病。"春不食肝，夏不食心，秋不食肺，冬不食肾，四季不食脾。

③节律，养性之道，不欲饱食便卧及终日久坐；故人不要夜食；食欲少而数，不欲多而顿。

2）起居有常。要做到起居有常，首先要做到"虚邪贼风、避之有时"，春夏秋冬四时都要避风。空调，人造贼风，夏天吹冷气，冬天吹暖气。冬天室内开着空调很热，如果不注意保暖或者让汗收干，出门则寒气很容易侵入。其次，要科学地睡眠。古人云："一日不睡，三日不醒；药补不如食补，食补不如觉补。"睡眠少、不规律、精神压力大是导致亚健康非常重要的因素；白癜风的诱因中不良精神因素占30.4%，睡眠因素占22.2%；糖尿病和睡眠少的关系非常密切。做到科学睡眠，也要根据不同的时节，在该睡的时候睡，才能达到好的效果。春夏养阳、秋冬养阴，也就是说在春夏时节可以少睡，而在秋冬时节要多睡。具体来说就是，春生早睡早起，夏长晚睡早起，秋收早睡早起，冬藏早睡晚起。而一天中的最佳睡眠时间则可以根据人气血的运行规律来判断：

子时（23点至1点），胆经最旺；

丑时（1点至3点），肝经最旺；

卯时（5点至7点），大肠经最旺；

辰时（7点至9点），胃经最旺（吃早餐）；

午时（11点至13点），心经最旺；

亥时（21点至23点），三焦经最旺（内分泌系统）。

因此，根据人体阴阳变化规律，调整作息，对于身心健康是最有效的方式之一。

3）不妄作劳。《黄帝内经》认为，人体过于劳作，消耗过多的精气神，是导致疾病的主要原因之一。

4）心理健康。《黄帝内经》中说"志闲少欲""宠辱不惊"。《小有经》曰："少思、少念、少欲、少事、少语、少笑、少愁、少乐、少喜、少怒、少好、少恶,此十二少,乃养生之都契也。"这就提出了精神和心理在养生方面的重要性。孟子曰:"养心莫善于寡欲"。"欲"是生命的原动力,人类社会的发展是靠欲在推动。"欲"分为两种:一种是最原始的本能,另一种是追求名、权、利。在追求名、权、利过程中产生的情感上的变化,即贪、嗔、痴、怒、喜、思、悲、恐、惊、忧等,从而做出一些不合时宜的举动。正确对待欲望,对于身心的健康有举重若轻的作用。

5)养生的运动。《黄帝内经》曰:"精神内守,病安从来。"《吕氏春秋·尽数》曰:"流水不腐,户枢不蝼,动也。"对于养生而言,要选择"养"的运动,而不是选择"耗"的运动。《黄帝内经》曰:"心安而不惧,形劳而不倦,气从以顺。"《中经》曰:"然静者寿,躁者夭,静而不能养,减寿;躁而能养,延年。然静易御,躁难持,尽慎养之宜者,静亦可养,躁宜可养也。"因此,选择"阴阳平衡""濡养脏腑"的运动是养生的关键。

养生运动可以根据人一生的发展规律来选择,《黄帝内经》曰:

"人生十岁,五藏始定""血气已通,其气在下";

二十岁时,人"血气始盛,肌肉方长,故好趋";

三十岁时,人"五藏大定,肌肉坚固,血脉盛满,故好步";

四十岁时,人"五藏六腑,十二经脉,皆大盛已平定,故好坐";

六十岁时,人"心气始衰,苦忧悲,气血懈惰,故好卧"。

随着人年龄的逐渐增大,人的气血会逐渐变弱,因此要通过养生的运动来增加体内的气血运行。传统的"养生"运动包括五禽戏、八段锦、易筋经、太极拳等。

2. 太极拳的养生思想

人体由骨骼系统、神经系统、血液系统、肌肉系统等有形系统构成,有形系统构成一个看得见、摸得着的框架。人还有一个系统是能量系统,也就是人体的经络系统。人出现疾病是因为气血不足和经络不通,即能量系统出现问题。能量系统的疾病发展严重后反应在形态学上,西医称之为"疾病"。人要保持健康状态,应从源头上杜绝气血不足、经脉不通,而太极拳的练习可以从根本上解决这两个问题。

通过吻合人体经络学说和骨骼最佳受力状态的拳架系统,能够起到疏通经络的作用,再经过节节贯穿的练习产生内气,以外形引导体内气的流动,按摩五脏六腑,从而使脏腑得到濡养,体内气血逐渐旺盛。这时,人体才能达到真正的健康状态。

太极拳的养生原理主要包括以下几个方面:

(1)疏通经络。太极拳是以人体的经络骨骼为生理基础,以太极的哲学思想为理论依据。一个空间结构必须有一个稳定的框架,人体的稳定状态是要符合人体经络学说和骨骼最佳受力结构。当对身体施加力的时候,力能够从身体传导到脚,将人变成力的传导体。通过反复的训练能够起到疏通经络的效果,从技击上还能获得根劲。

(2)培养内气。气是维持人体生命活动的基本物质。因此,养生的前提是要产生内气。内气的产生,可以保证很好的气血运行。《道德经》里将人比喻成一个风箱,通过向人体施加压力,如收腹、下沉、含胸、松肩、松肘等节节贯穿的动作,让人体内产生压力的变化,促进气血流通旺盛。

虚实变化。身体的每个部分都要有阴阳,这样可以加速气血循环,周身充盈调达,脏腑得以濡养。如果把培养内气的阶段比作风箱式的运动,那么这一阶段就可以称为循环式的运动。这时,体内的气血可以自如地运行于周身上下,各器官的运化功能也发挥到最佳的状态。

3. 太极拳的养生功效

(1)疏通经络,促进气血流通,调节阴阳平衡。太极拳通过疏通经络使气血流通旺盛,增强人体抵抗疾病的能力,即抵抗外邪的能力;太极拳能改善脾胃功能,增加营养的吸收和转化;练太极拳有助于改善睡眠;练习太极拳可以濡养脏腑,强腰固肾。

(2)培养内气,濡养脏腑,精充、气足、神全。太极拳是一种"养"的运动过程,是一种储存能量的运动。孟子曰:"气以直养而无害,我善养吾浩然之气。"气是一种能量的形式,是维持脏腑器官运作的基本物质。人体只有气足才能神旺,才更具有生命力。

(3)动静结合,身心双修。《黄帝内经》曰:"两精相搏谓之神。"神的基础是精和能量。通过太极拳的练习能够做到内实精神、外示安逸。

养生的目的是健康长寿,而不是强壮。因此,掌握正确的养生方法非常重要,看待养生的心态也要放端正。养生要有一个坚定的信念,要把养生看作是一项长期的锻炼身体的运动而不是一时即兴的运动。正如嵇康在《养生论》中说的:害成于微而救之于著,故有无功之治;驰骋常人之域,故有一切之寿。仰观俯察,莫不皆然。以多自证,以同自慰,谓天地之理尽此而已矣。纵闻养生之事,则断以所见,谓之不然。其次狐疑,虽少庶几,莫知所由。其次,自力服药,半年一年,劳而未验,志以厌衰,中路复废。或益之以畎浍,而泄之以尾闾。欲坐望显报者,或抑情忍欲,割弃荣愿,而嗜好常在耳目之前,所希在数十年之后,又恐两失,内怀犹豫,心战于内,物诱于外,交赊相倾,如此复败者。

3.5.4 太极拳与中医基础

1. 中医概述

很多人认为中医就是中国的医学,这是一种片面的理解。"中"是指中庸、平衡,中医其实就是一种维持人体阴阳平衡的医学。

中医是研究人体生理、病理以及疾病的诊断和防治等的一门学科,是在中国古代朴素的唯物论和辩证法思想的指导下,通过长期医疗实践逐步形成与发展的医学体系。它以阴阳五行为理论基础,将人体看作气、形、神的统一,通过望、闻、问、切四诊法,分析人体五脏六腑、经络关节、气血津液的变化,使人体达到阴阳调和的健康状态。

2. 中医的思想精华

(1)医中四圣。《四圣心源》中总结了医中四圣,即黄帝、岐伯、秦越人、张仲景,对中医的理解,在疾病机理上进行了阐述。

1)《天人解·阴阳变化》——太极生四象。"阴阳未判,一气混茫。气含阴阳,则有清浊,清则浮升,浊则沉降,自然之性也。升则为阳,降则为阴,阴阳异位,两仪分焉。清浊之间,是谓中气,中气者,阴阳升降之枢轴,所谓土也。"阴阳最早为无极的状态,太极生出阴极和阳极,太极图中的"S"就代表中气。"枢轴运动,清气左旋,升而化火,浊气右转,降而化水。化火则热,化水则寒。方其半升,未成火也,名之曰木。木之气温,升而不已,积温成热,而化火矣。方其半降,未成水也,名之曰金。金之气凉,降而不已,积凉成寒,而化水矣。"五行通过七级的变化产生。水性寒,木性温,火性热,金性凉,中药里都包含这四味。"水、火、金、木,是名四象。四象即阴阳之升降,阴阳即中气之浮沉。分而名之,则曰四象,合而言之,不过阴阳。分而言之,则曰阴阳,合而言之,不过中气所变化耳。"

2)《脏腑生成》——四象生脏腑。"凡与天地相参也。阴阳肇基,爰有祖气,祖气者,人身之太极也。祖气之内,含抱阴阳,阴阳之间,是谓中气,中者,土也。戊土为胃,己土为脾。己土上行,阴升而化阳,阳升于左,则为肝,升于上,则为心。阴降于右,则为肺,降于下,则为肾。"这是把金、木、水、火土和人们身体的五脏联系起来。

3)《气血原本》——五行与五脏。"肺气清凉而性收敛。肝血温暖而性生发。气统于肺,凡脏腑经络之气,皆肺气之所宣布也,其在脏腑则曰气,而在经络则为卫。血统于肝,凡脏腑经络之血,皆肝血之所流注也,其在脏腑则曰血,而在经络则为营。营卫者,经络之气血也。"肾在最下面,它属水,凉性;肝在左面,它属木,温性;心在上面,属火,热性;肺在右边,凉性。当中是脾胃,脾胃通过中气脾升胃降。形成一个循环关系，跟大地的水循环是相似的。

（2）人之三宝——精、气、神

1）精。精是生命活动的物质基础。《素问·金匮真言论》曰：精者，身之本也。精分为两种，即先天之精和后天之精。先天之精是父母先天给予的，后天之精是指通过饮食来补充的，脂肪、血液、体液这些有形物质都属于人的"精"。

2）气。气是不断运动着的充养人体的一种无形物质，是维持生命活动的能量。"气者，人之根本也""人之生，气之聚也"。

3）神。《黄帝内经》中说："两精相搏谓之神。"神的基础有两个：一是两精，二是相搏，相搏即表示能量。"神"是生命活动现象的总括，是生命力盛衰的外在表现。《素问·移精变气论》曰："得神者昌，失神者亡"，神在体外则成为生命的象征，在体内则成为生命的主宰。

4）精、气、神三者的关系。《淮南鸿烈》曰："形者,生之舍也""神者,生之制也""气者,生之充也""一失位，三者俱伤也"。精、气、神三者一体，互相依存，互相转化，其"流行为气，凝聚为精，妙用为神""精之与气，本自互生。精气既足，神自旺矣。虽神自精气而生，然所以统驭精气而为运用之主者，则又在吾心之神"。

3. 太极拳与中医

（1）从被动养生到主动养生。养生要寻找一种方法，改被动养生为主动养生，使得人精充、气足、神全。中医学的防病治病、养生保健，最终归于保养和改善脏腑的功能上，而太极拳养生也是以濡养脏腑功能为基础。太极拳融武术、中医和气功导引术于一体，通过意念引导、呼吸吐纳、外形催化等活动来濡养脏腑功能，从而达到身体外在的协调与内在的平衡。

（2）太极拳中的中医养生思想。太极拳的练习分为六大体系：其中准确的拳架体系的作用是疏通经络；节节贯穿体系用来产生内气；阴阳虚实体系让内气循环。太极拳通过准确的拳架体系产生根劲，从大地获取能量补充肾精，不再局限于呼吸和饮食；通过节节贯穿体系炼精化气，运用收腹、下沉、含胸等特定动作将肾精化成内气；虚实变化体系通过炼气还神，使气在体内的循环变得更足，精足气充而后神全。

1）准确的拳架补"精"。十二经脉中有两根经走在足跟，且跟肾功能密切相关，即足少阴肾经和足太阳膀胱经。此外，奇经八脉中的阴跷脉也走足跟。阴跷脉的作用在李时珍写的《奇经八脉考》中有体现："八脉者先天大道之根，一炁之祖，采之惟在阴跷为先，此脉才动，诸脉皆通，次督、任、冲、三脉，总为经脉造化之源。"

2）节节贯穿运动炼精化气。任脉、督脉和冲脉的源头都在小腹，节节贯穿最明显的动作就是收腹、下沉、含胸，走的就是小周天的循环，从而起到炼精化气的作用。

3）经络的运动。虚实变化把内气的进出运动变成循环运动，使内气无始无终地在十二经脉中运行，修道者称之为大周天的修炼。所以又有人将太极拳运动称为经络的运动。

4）气血的产生和输布。人的气血是先天的元气推动肾精中的精气，再结合呼吸之气和水谷之气而产生的。气血通过奇经八脉的运输，再通过十二经脉与十二正经的交汇口，流注到十二经脉内溉脏腑和外濡腠理。当气血足以濡养脏腑时又会返回增加人对水谷之气的运化。

5）健康。人的健康在于阴阳平衡，阴阳平衡在于脏腑功能良好，脏腑功能良好在于气血运行充足和经络通畅。太极拳通过准确的定式打通人体的经络，通过节节贯穿让内气产生得更加强大，促进气血运行，通过虚实的变化使脏腑的濡养极佳。人的系统包括精、气和神。"精"是有形系统，"气"是能量系统，"神"来掌管能量系统。"懈又懈来松又松，吾气未动似病翁。忽然一声春雷动，千军万马把阵冲。"人修炼至一定程度时还是要会"养"。人要学会把最重要的能量放在最重要的事情上。"上士养神、中士养气、下士养形。"张三丰祖师遗论的《太极拳论》曰"欲天下豪杰延年益寿，非图技艺之末也"。很多运动的初始目的是为了人的健康，但当它变成竞技运动时候，便背离了原来的目的，变得非常不健康。"心者，君主之官，神明出焉"。养心的方法有：①虚静；②意识上的不丢不顶，保持心理安定（宠辱不惊）。国外很多关于太极拳研究的文献中提出，太极拳可以改善平衡能力，预防骨质疏松，协助治疗糖尿病，改善高血压，改善心功能等。

4. 太极拳与中医经络学

（1）经络的概念。经络是经和络的总称。经，又称经脉，有路径之意。经脉贯通上下，沟通内外，是经络系统中纵行的主干，故曰："经者，径也。"经脉大多循行于人体的深部，且有一定的循行部位。络，又称络脉，有网络之意。络脉是经脉别出的分支，较经脉细小，故曰："支而横出者为络。"络脉纵横交错，网络全身，无处不至。

经络相贯，遍布全身，形成一个纵横交错的联络网，通过有规律的循行和复杂的联络交会，组成了经络系统，把人体五脏六腑、肢体官窍及皮肉筋骨等组织紧密地联结成统一的有机体，从而保证了人体生命活动的正常进行。所以说，经络是运行气血，联络脏腑肢节，沟通内外上下，调节人体功能的一种特殊的通路系统。

经络系统的组成。经络系统，由经脉、络脉、十二经筋和十二皮部所组成。经络在内能连属于脏腑，在外则连属于筋肉、皮肤（见图3—2）。

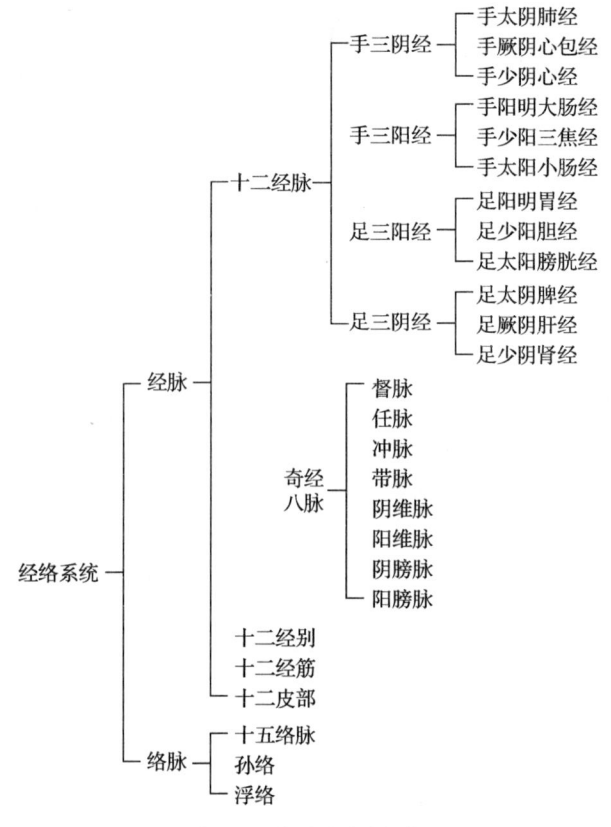

图3—2 经络系统的组成

（2）太极拳养生与经络的关系。《灵枢·经脉》指出："经脉者，所以营阴阳，行气血，决生死，处百病，调虚实，濡养五脏六腑，不可不通。"经络的主要作用是联系脏腑，沟通内外；运行气血，营养全身；抗御病邪，保卫机体。

通过生活中的观察可以发现，儿童的筋骨特别柔软，随着年龄的增加，老人和病人的筋骨都特别僵硬。尤其是人上了年纪之后，全身经络就开始拘谨僵硬，从中医的角度而言，这是气血虚弱，经络不通的表现，所以可以通过筋骨的状况反映出一个人的健康状态。《道德经》中说："专气致柔，能婴儿呼？""骨正筋柔而握固"也就是说，儿童虽然肌肉不发达，但是手的握力相对值比较大，也有"骨正筋柔"的说法，在武术内家拳中，有一句谚语说到"筋长一寸，寿延十年"。就是说，人体的筋骨越舒展，全身的气血就越通畅，身体状况自然更健康。因此，太极拳的先辈们传承的锻炼方法中，入门功法就是"伸筋拔骨"，也就是通过特定的太极拳动作，使人体骨节正，经络通，达到很好的养生功效。

中医学认为，在经络系统中，有一个系统是经筋系统，它是一个与十二正经相伴行的特殊系统，通过特定的太极拳动作，伸筋拔骨之后，达到疏通经络，连接脏腑，平衡气血的功效。

概括而言，练习准确的太极拳动作能疏通经络，而太极拳节节贯穿的运动，使身体中的气血流通旺盛，其最大的效果就是濡养五脏六腑，使人体调节阴阳平衡的能力增加，使各个器官运作正常，吸收功能、排泄功能等发挥到最佳状态。此时的人一定是非常健康的。

3.5.5 太极拳与人体运动学基础

1. 太极拳与骨骼学基础

（1）人体骨骼学基础。骨骼是脊椎动物体内的重要器官。骨骼的成分之一是矿物质化的骨骼组织，其内部是坚硬的蜂巢状立体结构，其他组织还包括了骨髓、骨膜、神经、血管和软骨。

骨骼的最主要功能是支撑保持体形。因此海洋生物的骨骼不及陆地动物，是因为海洋提供了浮力支撑。动物随进化而迁往陆地，就开始形成坚固的骨骼结构。另一方面，骨骼也提供肌肉连接面，透过关节，协助肌肉产生运动。骨骼的进化可能与它的另一个重要功能有关，即骨骼的支撑功能。骨骼作为支撑系统使生物体的结构更符合力学原理。

（2）练习太极拳和骨骼的关系。太极拳是人体的运动，其练习也必须吻合人体的生理特点。在太极拳的经典理论《陈氏太极拳图说》中明确提到"骨节要对，不对则无力"。骨节其实就是关节面的吻合，吻合人体骨骼最佳受力状态，协调肌肉产生运动是练习太极拳的关键，因此，通过太极拳吻合骨骼的最佳受力状态的动作练习，才能疏通经络，伸筋拔骨。

太极拳中阴阳之理的动作，类似生活中扭毛巾的动作，催生体内阴阳的变化，伸筋拔骨，使骨节松开，达到"肌肤骨节，处处开张"的功效。

"周身一齐合住劲，且周身骨节各处与各处自相呼应而合，如手与足是也。"通过吻合人体骨骼最佳受力状态的姿势，日益功深之后，经络畅通，内气无阻，随着太极拳的导引，使得人体气血旺盛，收敛入骨，人体浩然正气包裹周身内外，养生便是轻而易举的事了。

（3）练习太极拳与膝关节的损伤。太极拳是中华武术与养生的瑰宝，其独特的哲学思想、技击魅力以及养生效果受到国内外各个阶层人士的喜爱。2002年7月美国《时代周刊》将中国古老的太极拳运动比喻为完美运动,这项运动对人体的心血系统、内分泌系统、神经系统及肌肉骨骼系统都有着很好的调节作用。但是在一些初学者或是资深的练习者中,膝关节疼痛有时却是一个绕不开的话题,甚至一些资深的骨科专家也认为太极拳会造成膝关节损伤,这无疑会使很多想习练太极拳的人产生了思想上的顾虑。其实,膝关节是由股骨远端、胫骨近端和髌骨组成的。同时附着在它们上的韧带、肌肉、关节囊和半月板组成了关节的稳定结构。关节囊内层是滑膜组织,正常情况下是可以分泌适量的滑液,来润滑膝关节和营养关节软骨的(见图3—3、图3—4)。

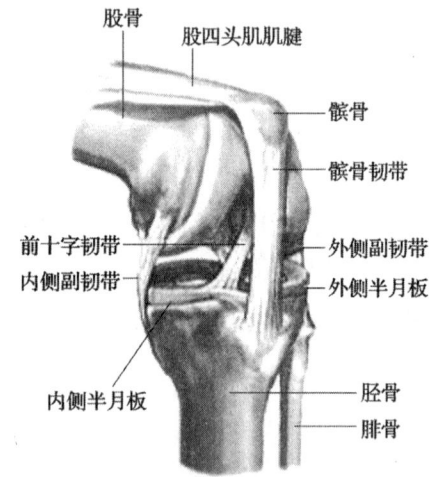

图3—3　正常膝关节中骨、韧带和半月板

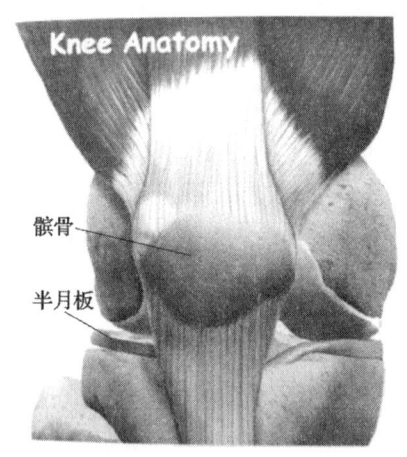

图3—4　正常膝关节中髌骨、髌韧带和股四头肌

通常和运动相关的膝关节疼痛往往包括两种情况:

一种是器质性的。损伤往往造成骨折、软骨磨损、韧带撕裂、半月板损伤、肌肉撕裂伤等,这些损伤,是膝关节组成结构的损伤。一旦发生这些损伤,膝关节往往会出现持续的疼痛、关节伸屈不利、关节肿胀积液等情况。如果出现上述这些情况,则需要到专科医生处进行诊治。

另一种往往是功能性的。这主要是由于膝关节运动量增大,膝关节周围肌肉的收缩强度和频率增高,热量消耗大增,乳酸堆积增多,引起肌肉疼痛。

再有就是发生在韧带骨附着处的韧带止点无菌性炎症,主要是在膝盖骨周围的疼痛。这些情况可以通过调整运动量和运动姿势,适当辅佐一些外用药物或物理理疗来缓解。

了解了膝关节疼痛发生的原因,就需要对练习太极拳而产生膝关节疼痛的原因进行分析。对于初学者而言,身体各个关节比较僵硬,动作姿势也很难做准确,膝关节周围组织结构还很难一下子适应太极拳的这种运动强度和方式,在一定时间后容易出现膝关节周围疼痛的现象。但这种疼痛往往是一过性、功能性的,好像一个人从来不长跑,突然进行一次长跑后会出现酸疼一样,这种情况是因为身体的组织结构尚未适应这种运动而产生的。这种膝关节疼痛的现象往往是出现在初次练拳1~2个月内,疼痛主要集中在髌骨周围,而膝关节伸屈活动正常,无膝关节肿胀,因此不必非常担心,这是练习太极拳过程中身体的某一个部位的阶段性反应。古训有言,练功夫需要"伸筋拔骨",这种酸疼就是伸筋拔骨的表现之一。

要缓解这种疼痛,可以有两种方法,一种就是不练了,或者站着打拳而不让膝盖受力,但这种方法是消极的;另一种是降低练习频度和强度,但一定要讲究动作的准确性。让教练调整定式动作的准确性,尽可能地让上身的力量传到脚上,让脚去承受主要压力,而不是膝关节承受整个人体压力,因为太极拳要求劲从脚起。通过一段时间的训练(往往1~2个月),膝盖的疼痛会自然消失,而这时你会发现涨功力或出合劲了。

很多太极拳的文献强调要防止练拳时产生膝关节疼痛,就要做到膝盖的方向和脚尖的方向保持一致,膝盖屈曲时不要超过脚尖,拳架不要太低,膝关节运动时动作要缓慢。这些要领可以说都是对的,但重要的还是要打准确的拳,通过调整拳架让脚去承受主要力量而不是膝关节,这是防止膝关节发生损伤和疼痛的根本要点。有些骨科医生认为太极拳运动中膝关节往往处于半蹲位,髌骨关节压力大,容易造成软骨损伤,产生这个问题的关键还是对于太极拳运动不是非常了解。如果采用正确的太极拳运动方式,膝关节承受的压力并不大,而且身体重心一直在两腿之间转化,膝关节的压力处于受力—不受力—受力的转换中,这种压力的变化相信对膝关节软骨是有好处的,因为关节软骨在滑液中吸收营养是需要关节腔产生这种压力变化的。

如果太极拳拳架不准确,过分追求动作难度,而训练又特别努力,长此以往就会对膝关节内部结构产生器质性的病变,这种情况最多见于参加竞赛套路的运动员中。运动中产生"蹩脚"、跪膝的现象或者经常练习转身跳跃接摆脚跌叉的动作,就很容易造成关节内半月板和韧带的损伤。如果练习者在练拳的过程中出现关节伸屈不利落或关节突然在某个角度疼痛,那就需要警觉是否有半月板破裂发生;如果膝关节产生大量积液,那也是膝关节出现器质性损伤的信号;还有训练时如果感觉膝关节内有明显的撕裂感,则需要十分重视,一定要去医院进行检查和治疗。

错误：右膝未对准脚尖　　　　　正确：右膝对准脚尖

错误：左膝未对准脚尖　　　　　正确：左膝对准脚尖

2. 太极拳与人体神经系统

（1）太极拳对神经系统的锻炼。人体的神经系统可分为两大部分：中枢神经系统和周围神经系统。

神经系统是人体内感受刺激、产生和传导兴奋、控制和调节各种生命活动的重要组成部分。它借助各种感受器官，接收内外环境的刺激信息，经周围神经传到脑和脊髓，通过中枢神经的整合作用，再经周围神经控制和调节人体其他系统的活动。在练习太极拳的过程中，全身上下就成为一个整体，各关节依次而动，一动皆动，这就需要神经系统来完成。神经系统可以从中得到休息和刺激，实现整体性的锻炼，让运动、呼吸、循环系统相互配合，从而使整个神经系统得到恢复。

（2）太极拳对中枢神经的锻炼。中枢神经是人体神经细胞最集中的部位，管理全身的感觉、思维、记忆、条件反射等。

拳论讲："百会穴，领起全身，要使清气上升，浊气下降""精神能提得起，则无迟重之虞"。太极拳要求在练习时全身放松，即在胯关节放松的前提下，屈膝、圆裆，周身各部位自然协调地松下。在放松的同时，还要全神贯注，以便动作的轻灵、沉着。这种练习方法可以使中枢神经系统得到充分的锻炼，从而更好地指挥全身各器官发挥功能。

（3）太极拳对大脑的锻炼。脑是中枢神经系统的重要组成部分，是中枢神经的主要功能所在。脑是由大脑、小脑和脑干组成。大脑皮层起着调节人体变化的作用。在练习太极拳时，无人当有人，精神要高度集中，用意识引导动作。此时，大脑专注于各个器官的变化与协调，排除其他的思维活动，大脑皮层运动中枢处于高度兴奋状态。这就使得大脑皮层的其他区域得到充分休息，不仅可以锻炼大脑，还可以消除疲劳。

（4）太极拳可以提高感知能力。在进行太极推手练习时，要求"听劲"。所谓"听"，并不是靠耳朵的听觉系统去听，而是通过手臂等肢体接触，用神经末梢感知对方的力点、力的方向以及力的大小和变化趋势，从而黏住对方，占据主动权。这一过程，需要神经传入大脑皮层的中枢神经，让其做出判断，指导肢体动作。长期练习"听劲"，可以起到锻炼感知能力的作用。

3. 太极拳与心血管系统

随着年龄的增长，人体的生理机能会发生衰退，其中最常见的就是心脏功能变弱。心脏的衰老表现为心肌细胞缩小，收缩力减弱，心脏排血量减少、心率减慢。同时，血管的弹性也会逐渐变弱，出现动脉硬化、血压升高等现象，从而引发心血管疾病。

研究表明，太极拳对改善中老年人心肺功能、预防心血管疾病有着积极的作用。这主要取决于太极拳独特的呼吸方法——腹式呼吸。腹式呼吸要求呼吸深、长、匀、细，这样可以使膈肌的上升下沉幅度增大，造成较大的胸内负压，更多的血液回流心脏。同时，伴随着节节贯穿、虚实变化的运动方式，下肢肌肉交替收缩、放松，让下肢静脉的血液加速回流，这样就可以使心脏在舒张期保持充盈状态。长期练习太极拳，可以使心脏跳动徐缓有力，有效提高心血管系统的功能。

本章练习题

一、判断题（请将判断结果填在题后的括号中，正确的填"√"，错误的填"×"）

1. 所有太极拳比赛中的比赛规则和标准都是按照传统太极拳的标准来评判的。

（   ）

2. 当人体获得了力学稳固结构后，作用在身体上的力，可以通过这种稳定结构，将力传导到脚上；从脚上获得的反作用力，也可以通过这个途径，反作用于对方身上。

（   ）

3. 拳是一种工具，也是一种载体，它是以技击的核心去承载不同的思想和文化，从而演变成各具特色的拳种。

（   ）

4. 太极拳六大体系是各自独立，可以从任何一个体系开始。（   ）

5. 量变引起质变，所以说拳打万遍自然精。（   ）

6. 节节贯穿需要在产生跟劲的前提下练习。（   ）

二、单项选择题（选择一个正确的答案，将相应的字母填入题内的括号中）

1. 关于太极拳的起源，下面说法正确的是_____。

   A. 学术界、武术界已经得到了一个完整的共识

   B. 太极拳源远流长，上古时代已有

   C. 太极拳为武当丹士张三丰所创

   D. 太极拳起源史料考证不详、众说纷纭，目前还没有得到一个完整的共识

2. 陈氏太极拳的创始人是_____。

   A. 陈鑫　　　B. 陈发科　　　C. 陈王庭　　　D. 陈长兴

3. 以下哪项不是陈式太极拳的特点_____。

   A. 快慢相间　　B. 缠绕螺旋　　C. 不纵不跳　　D. 腾挪闪战

4. 以下哪项属于太极拳民间发展现状_____。

   A. 标准化　　　B. 老龄化　　　C. 场馆化　　　D. 专业化

5. 对于太极拳的六大体系，下面说法正确的是_____。

   A. 前三个体系是练法，后三个体系是用法

   B. 可以从其中任何一个体系开始练习

   C. 第一大体系就是节节贯穿

   D. 虚实变化是第六个体系

6. 对于定式的作用，下面说法不正确的是_____。

   A. 准确的定式动作，能够快速产生根劲

   B. 准确的定式动作，能够疏通经络

   C. 准确的定式动作就是将桩功融入拳架

   D. 准确的定式动作能够快速产生内气

7. 定式动作的检验，下面说法正确的是_____。

   A. 定式动作摆出来就行，不需要检验

   B. 加在身上的力能否清晰传到脚底能够检验定式动作是否准确

   C. 初学者的定式动作只要检验三个方向的力就可以了

   D. 检验通过是学习太极拳的目的

8. 以下对节节贯穿理解正确的是_____。

A. 相互矛盾而统一的运动

B. 达到最稳固力学结构的运动

C. 起于足，发于腿，主宰于腰，形于手指的运动

D. 肌肉收缩运动

9. "套路"指的是_____。

A. 每个拳架的动作要求
B. 每一套太极拳的风格
C. 指太极拳的整套架式
D. 指整套太极拳的运动路线

三、简答题

1. 简述当代太极拳的发展现状。

2. 简述什么是真正的太极拳。

3. 简述太极拳的六大理论体系。

4. 简述准确拳架的重要性。

5. 简述节节贯穿的定义和理论来源。

6. 简述太极拳是如何养生的。

7. 如何理解太极拳的内气？

8. 谈谈你对太极拳习练过程第一阶段"熟练套路，明确定式"的理解。

9. 简述太极拳练习中膝关节疼痛的原因以及处理方法。

第 4 章

太极拳五式、八式、十三式教学

4.1　太极拳五式、八式、十三式培训内容

4.2　太极拳五式、八式、十三式技术要求

4.3　太极拳五式、八式、十三式教学要求

本章提要

指导学员安全、有效地完成太极拳初级套路的定式和口诀的练习，是五级社会体育指导员（太极拳）的主要职责。因此，准确、熟练地掌握本级别的拳架技术，是十分重要的。

本章重点介绍和规定了太极拳教练员必须掌握的初级套路技术，包括五式太极拳的定式和口诀、八式太极拳的定式和口诀以及十三式太极拳的定式和口诀。

第4章
太极拳五式、八式、十三式教学

4.1 太极拳五式、八式、十三式培训内容

4.1.1 五式的线路口诀和定式要求

1. 起势

口诀：双腿并立，双手放在双腿两侧。

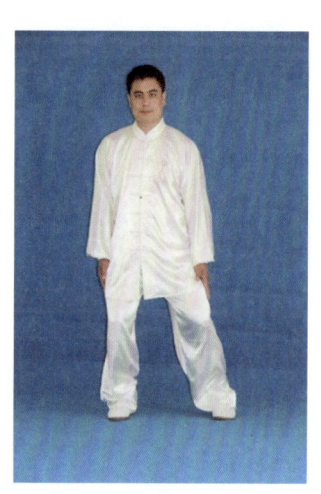

口诀：重心到右腿，右腿慢慢往下沉，左腿左膝领劲，慢慢往上提，向左横开一步，点地，踏实。

定式要求：右脚、膝、胯成一直线。

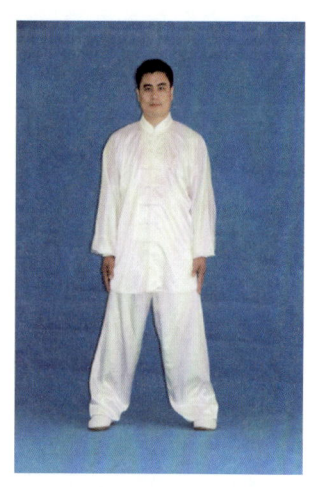

口诀：右腿慢慢站立，移重心到中间。

定式要求：双脚平行与肩同宽；双手置于双腿两侧。

71

口诀:收腹,下沉,胸腔膨胀。

定式要求:大腿与地面成135°,中指位置不变。

口诀:继续下沉,带双手下落于双膝外侧。

定式要求:双手手指方向与大腿平行。

口诀:收腹,下沉,含胸,带双臂内旋。

定式要求:掌背向前,指尖与膝平齐。

口诀:继续下沉,松肩,松肘。

定式要求:指尖位置不变。

口诀:双手下穿。

定式要求:指根贴于膝盖,指尖垂直于地面。

口诀:收腹,下沉,胸腔膨胀,带双手在身体前方慢慢往上提。

定式要求:双手与肩同宽同高,掌心向下。

第 4 章
太极拳五式、八式、十三式教学

  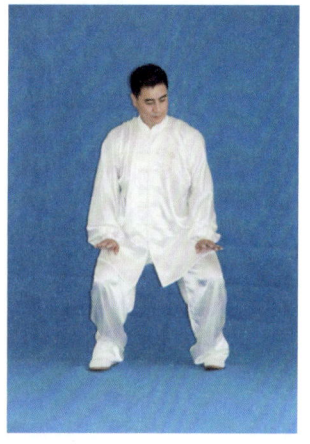

口诀：双肩向后，下沉，继续下沉，松肩、松肘。
定式要求：双手掌心向前，大臂自然下垂，双肘与身体在同一平面。

口诀：微前倾。
定式要求：双手与身体的空间位置保持不变。

口诀：下沉，带双手下落，身体回正。
定式要求：双手掌根贴于大腿前中间，指尖向前，掌心向下。

2. 上三步

口诀：下沉，双手掌下落，右转，左手内旋右手外旋，移重心到左腿。
定式要求：重心在左腿，胯、膝、脚一直线；身体向右前与左脚尖成45°；左手贴于裆中线，掌心向左，手掌垂直向下，手指打开；右手小指、无名指（小指外侧）贴大腿中线；两手指间距1cm左右；右掌心和右脚尖方向保持一致。

口诀：下沉，摆左脚尖成90°，右转，左手内旋右手外旋向右、向上划弧，下沉。
定式要求：左脚尖向左与右脚尖成90°；身体与右脚尖成45°；左手掌心向右前，中指尖贴右肩窝；右手掌心向上，与肩同高，沉肘，指尖向右与右脚尖成90°。

口诀：收左胯，下沉，身体微左倾。
定式要求：身体与右脚尖成45°；右手臂斜向上45°，掌心斜向上；左手位置不变。

73

  口诀：继续下沉，双手向上穿。
  定式要求：身体与右脚尖成45°；双手斜向上。

  口诀：左转，提右腿上步（右脚踏步后收左脚跟），带双手向上、向前，下沉，带双手下落。
  定式要求：右脚尖指向正前方，左脚尖指向左前45°；身体与左脚尖成22.5°；双手掌心平向下，指尖与右脚尖方向保持一致；左掌根贴于胯下四指；右掌根贴于右膝髌上三指。

  口诀：下沉，左转，右手内旋左手外旋，移重心到右腿。
  定式要求：身体与左大腿方向一致；左手掌心向左前与左脚成90°，左手小指、无名指（小指外侧）贴大腿中线，两手指间距1cm左右；右手贴于裆中线，掌心向右，手掌垂直向下，手指打开。

  口诀：下沉，微左转，右手内旋左手外旋向左、向上划弧，下沉。
  定式要求：右脚尖向右与左脚尖成45°；身体与左脚尖成67.5°；右手掌心向左前，中指指尖贴左肩窝；左手掌心向上，与肩同高，沉肘，指尖向左与右脚尖成180°。

  口诀：收右胯，下沉，身体微右倾。
  定式要求：身体与左脚尖成67.5°；左手臂斜向上45°，掌心斜向上；右手位置不变。

  口诀：继续下沉，双手向上穿。
  定式要求：身体与左脚尖成67.5°；双手斜向上。

3. 野马分鬃

口诀：手向上、向前，下沉，带双手下落。

定式要求：左脚尖正前方，右脚尖右前45°；身体与右脚尖成22.5°；双手掌心平向下，指尖与左脚尖方向保持一致；右掌根贴于胯下四指；左掌根贴于左膝髌上三指。

口诀：下沉，右转，左手内旋右手外旋，移重心到左腿。

定式要求：身体与右大腿方向保持一致；右手掌心向右与右脚尖成90°，右手小指、无名指（小指外侧）贴大腿中线，两手间距1 cm左右；左手贴于裆中线，掌心向左，手掌垂直向下，手指打开。

口诀：下沉，微右转，左手内旋右手外旋向右、向上划弧，人下沉。

定式要求：左脚尖向左与右脚尖成45°；身体与右脚尖方向成67.5°；左手掌心向右前，中指指尖贴右肩窝；右手掌心向上，与肩同高，沉肘，指尖向右与左脚尖成180°。

口诀：收左胯，下沉，身体微左倾。

定式要求：身体与右脚尖成67.5°；右手臂斜向上45°，掌心斜向上；左手位置保持不变。

口诀：继续下沉，双手向上穿。

定式要求：身体与右脚尖成67.5°；双手斜向上。

口诀：左转，提右腿上步，带双手向上、向前，下沉，双手下落。

定式要求：右脚尖指向正前方，左脚尖指向左前45°；身体与左脚尖成22.5°；双手掌心平向下，指尖与右脚尖方向保持一致；左掌根贴于胯下四指；右掌根贴于右膝髌上三指。

　　口诀：收腹，下沉，双手下落，胸腔膨胀，带双手向上提。
　　定式要求：身体回正与右脚尖方向保持一致；双掌根贴于双胯前，双手指尖与双膝方向保持一致。

　　口诀：含胸，两肘向身体两侧打开。
　　定式要求：身体与右脚尖方向保持一致；双手指尖斜向下45°于胯前，双肘打开。

　　口诀：下沉，双手掌心向后并向两侧打开。
　　定式要求：身体与右脚尖方向保持一致；双臂斜向下45°，指尖垂直向下，掌心向后。

　　口诀：身体前倾，双手内旋向前划弧，提右脚向后撤步，双手掌背相对。
　　定式要求：右脚尖与左脚尖成90°；身体向前与左脚尖成45°；双手掌背相对于左膝内侧，双手背间距10 cm，指尖微向下；右脚跟踏实。

　　口诀：放松，双手外旋至掌心相对。
　　定式要求：身体向前与左脚尖成45°；双手间距保持不变，指尖向前。

第 4 章
太极拳五式、八式、十三式教学

口诀：微右转，右手外旋，左手内旋，勾左脚尖，双手腕相合。
定式要求：左脚尖方向与右脚尖平行；身体方向与左脚尖方向保持一致，右手于身体中线，掌心向上，指尖向左与左脚尖成 45°，小臂平行于地面；左小臂与右小臂成 90°，双手腕相合。

口诀：上身回正。
定式要求：身体方向与左脚尖保持一致；双手位置保持不变。

口诀：身体右转，收右脚跟，带双手下落于右膝内侧。
定式要求：右脚尖指向右前方 45° 与左脚尖成 90°；身体与右脚尖方向一致；右手指尖与右脚尖方向一致；双手十字纹相合成 90°。

口诀：下沉，左转，移重心移到右腿，带两手于左胯前。
定式要求：身体与左大腿方向保持一致；右手掌方向与左大腿平行，双手成 90°。

口诀：下沉，微右转，左手内旋外撑，右手臂外旋，双手拉开，下沉。
定式要求：身体向正前方与右脚尖成 45°；右手于右腿外侧，掌心平向上，略高于肩，肘沉；左手于左膝前上方 15 cm 左右，掌心斜向下，指尖向前。

口诀：下沉，微左转，翻左手掌心向上。
定式要求：身体方向与左脚尖成 22.5°；右手位置不变，左手掌心向上，前两节指节过膝盖。

77

口诀:下沉,微右转,含胸,双手内旋翻掌,继续右转,左手找右手。
定式要求:身体与右大腿方向保持一致;右手位于右膝内侧上方,指尖与右大腿方向一致;左手位于身体中线,指尖与右脚尖方向一致。

口诀:下沉,带双手下落。
定式要求:身体与右脚尖方向保持一致;右手位于右膝内侧,指尖与右大腿方向保持一致;左手位于身体中线,指尖与右脚方向保持一致。

口诀:微右转,左手内旋,移重心到左腿。
定式要求:身体与右大腿方向保持一致;左手位于身体中线,指尖向右后与右脚尖成90°;右手贴右膝内侧,指尖向右。

口诀:下沉,左转,身体回正,带双手向左。
定式要求:身体向正前与左脚尖成45°;左手虎口位于左膝内侧,掌心向左,指尖向下;右手于身体中线,掌心向左,指尖向下。

口诀:下沉,微右转,翻右手掌心向前。
定式要求:身体正前方与左脚尖成45°;左手虎口贴于左膝内侧,掌心向左前方,指尖垂直向下;右手位于身体中线,掌心向前。

口诀:上下对开,双手向左前方掤出。
定式要求:身体正前方与左脚尖成45°;左手于左膝内侧上方,掌心向左前方;右手小指外沿位于身体中线。

口诀：上下对开，左手松肩、松肘，双手翻掌至掌心相对。

定式要求：身体正前方与左脚尖成 45°，右手掌根于身体中线，左肘于左前腰间，双手大臂自然贴身体，双手掌心相对，指尖向左前方。

口诀：下沉，左转，重心移到右腿，双手继续翻掌。

定式要求：身体与左脚尖成 22.5°；右手掌心向外，左手掌心向上。

口诀：下沉，右转，带左手合于右腋下。

定式要求：身体与右大腿方向保持一致；右手位于右脚掌里侧上方，掌心向右与右脚尖成 45°；左手掌心向上置于右腋下 10 cm 左右。

口诀：下沉，右转，重心移到左腿，左手外旋下落于右胯前。

定式要求：身体与右脚尖方向保持一致；左手置于右胯前，手掌与大腿方向保持一致；右手臂斜向下 45°，指尖向前；掌心斜向下。

口诀：下沉，微左转，左手臂外旋，双手拉开，下沉。

定式要求：身体正前方与左脚尖成 45°；左手置于左腿外侧，掌心平向上，略高于肩，肘沉；右手置于右膝前上方 15 cm 左右，掌心斜向下，指尖向前。

4. 金刚捣碓

口诀：下沉，身体微右转，左小臂内旋右手外旋，身体回正右手翻掌向上左手立于胸前。

定式要求：身体正前方与左脚尖成45°；左手立掌于胸前离身体30 cm，左手指尖高于下巴，左肘略低于左腕，掌心位于身体中线；右掌置于右膝上方，掌心向上。

口诀：继续下沉，带左手下落。

定式要求：身体正前方与左脚尖成45°；左手位于身体中线，左小臂与地面平行；右手保持不变。

口诀：左转，摆左脚尖，左手内旋下落，右脚跟外摆右手内旋翻掌。

定式要求：左脚尖向左；右脚尖与左脚尖成45°；身体与左脚尖成45°；左手虎口贴左膝内侧，右手贴右大腿后方，掌心向后。

口诀：下沉，左转，摆左脚尖成45°角，提右腿上步，带右手向前于右胯前，左手落于左大腿内侧。

定式要求：右脚尖向正前方，左脚尖向左前45°；身体与左脚尖方向保持一致；右手虎口贴于右胯前，左手虎口贴于左大腿中间内侧；双手腕不折腕。

口诀：下沉，右手下落，左转，翻左手掌心向前。

定式要求：右脚尖向正前方；身体向左与右脚尖成90°；左手小指外沿贴于大腿外侧，掌心向前与左脚尖成45°。右手掌心向右与右脚尖成90°。

第4章
太极拳五式、八式、十三式教学

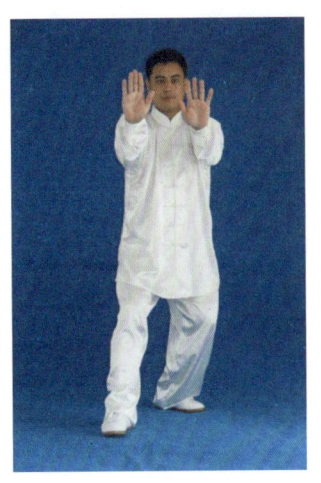

口诀：右转，双手向左、向上、向前划弧，双手立于胸前。

定式要求：身体与左脚尖成 22.5°；右手置于右脚前上方；左手置于左胸前上方；双手掌心与右脚尖方向保持一致，指尖向上。

口诀：下沉，右掌前推，收左掌落于左胸前。

定式要求：身体与左脚尖方向保持一致；左肘向下。

口诀：下沉，重心移到右腿。

定式要求：身体与左脚尖方向保持一致；右手空间位置保持不变；左手不动。

口诀：提左腿上步推左掌，身体回正，右肘向右击出。

定式要求：双脚尖向正前方；身体与脚尖方向保持一致；左掌立掌与肩同高；右掌平向下置于右胸前。

口诀：右转收右脚，右手内旋至掌心向外，左手下落至掌心向下。

定式要求：左脚尖向正前方；身体右前与左脚尖成 45°；右手掌心向右，指尖与左脚尖保持一致置于右胸前。左手掌心向下，指尖与左脚尖方向保持一致于左脚前上方。

口诀：下沉，身体右转，右手向后抽。

定式要求：身体与右大腿方向保持一致；右手掌心向右置于右胸前；左手位置保持不变。

81

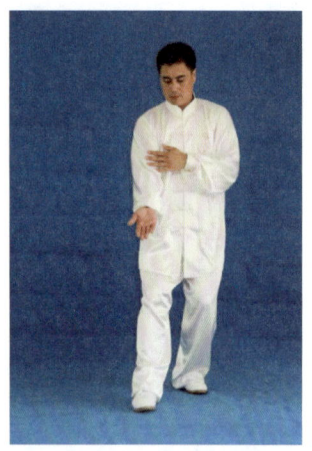

口诀：下沉，身体左转，右手向右后方推掌。外旋，松肩、松肘、至掌心向前划弧贴于右大腿外侧，提右脚上步，带右手向前，左手合于右大臂下方。

定式要求：右脚尖、身体与左脚尖方向向前；右手臂斜向下45°于右脚上方；左手指贴于右大臂下方，指尖向右。

口诀：下沉，右小臂向上抬至斜向上45°。

定式要求：身体正前方与左脚尖方向保持一致；右小臂斜向上45°。

口诀：微前倾左手贴身翻掌至掌心向上，右手微里合。

定式要求：身体正前方与左脚尖方向保持一致；右小臂垂直于地面，左手掌心向上，手指贴右手肘关节。

口诀：下沉，双手放松下落，收右脚。

定式要求：身体向正前方；掌背贴于右膝，指尖与膝平齐；左手掌心平向上于腹前。

口诀：提右膝，右手由掌变拳上提。

定式要求：身体与左脚尖成22.5°；右肘与右膝合，右拳背与左脚尖方向保持一致；右脚自然下垂；左手位置不变。

口诀：震脚砸拳。

定式要求：身体正前方与左脚尖方向保持一致；右拳背贴左掌心，拳心掌心向上。

5. 收势

口诀：人下沉，双手向身体两侧拉开，掌心相对。

口诀：人起来，双手向两侧拉至与肩平，掌心向下。

口诀：人下沉，双手翻掌心向上，划弧至头顶，掌心相对。

口诀：继续下沉，松肩，松肘，开胸，两肘向两侧打开。

定式要求：双手指尖相对于胸前。

口诀：继续下沉带双手下按，人起来，双手继续向下按至腹前。

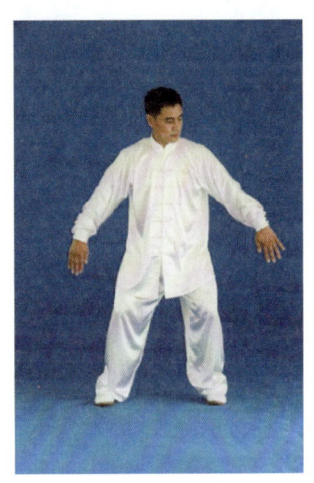

口诀：收腹，下沉，双手下落至掌心向里，胸腔膨胀，双手向两侧拉开。

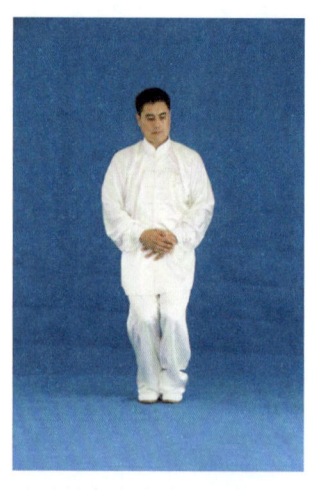

口诀：移重心到右腿，下沉，含胸，双手向前划弧，收左脚，放松，两手慢慢收拢至小腹部。

口诀：人慢慢站起来，双手自然回于身体两侧放松。

4.1.2 八式的线路口诀和定式要求

1. 起势

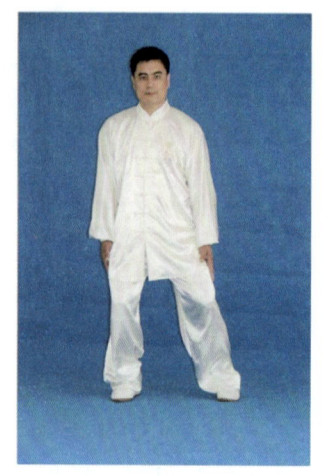

口诀：双腿并立，双手放在双腿两侧。

口诀：重心到右腿，右腿慢慢往下沉，左腿左膝领劲，慢慢往上提，向左横开一步，点地，踏实。
定式要求：右脚、膝、胯成一直线。

口诀：右腿慢慢站立，移重心到中间。
定式要求：双脚平行与肩同宽；双手置于双腿两侧。

第 4 章
太极拳五式、八式、十三式教学

口诀：收腹，下沉，胸腔膨胀。
定式要求：大腿与地面成135°，中指位置不变。

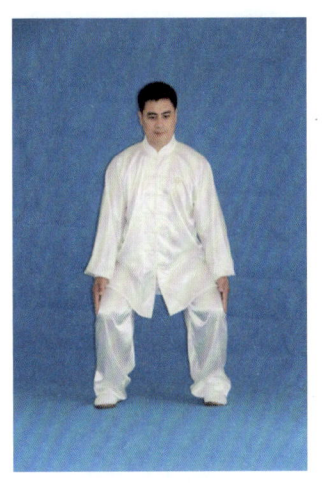

口诀：继续下沉，带双手下落于双膝外侧。
定式要求：双手手指方向与大腿平行。

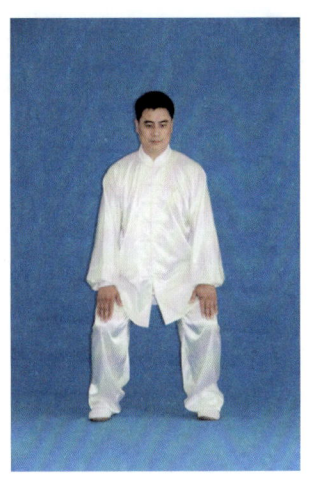

口诀：收腹，下沉，含胸，带双臂内旋。
定式要求：掌背向前，指尖与膝平齐。

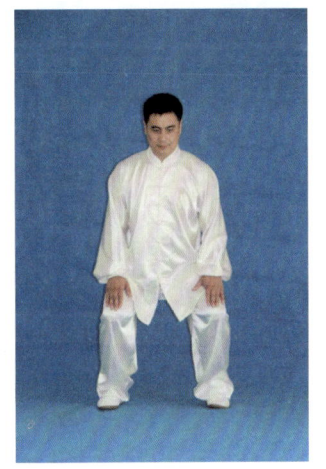

口诀：继续下沉，松肩，松肘。
定式要求：指尖位置不变。

口诀：双手下穿。
定式要求：指根贴于膝盖，指尖垂直于地面。

口诀：收腹，下沉，胸腔膨胀，带双手在身体前方慢慢往上提。
定式要求：双手与肩同宽同高，掌心向下。

85

口诀：双肩向后，下沉，继续下沉，松肩、松肘。
要求：双手掌心向前，大臂自然下垂，双肘与身体在同一平面。

口诀：微前倾。
定式要求：双手与身体的空间位置保持不变。

口诀：下沉，带双手下落，身体回正。
定式要求：双手掌根贴于大腿前中间，指尖向前，掌心向下。

2. 左右野马分鬃

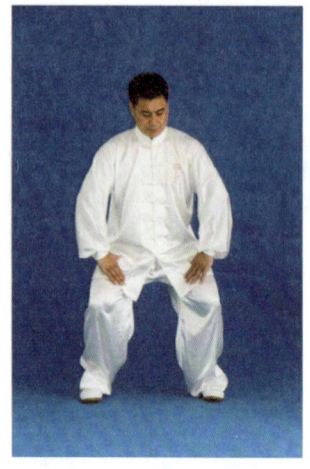  

口诀：收腹，下沉，双手下落，含胸，双手内旋。
定式要求：身体、脚尖方向正前方；双脚与肩同宽、平行；双手指腹贴大腿内侧，指尖斜向下。

口诀：微右转，左手内旋手指领劲往左膝前穿，右手臂内旋向上提。
定式要求：身体微右转与脚尖方向成22.5°；重心在中间；右手掌心向右，指尖向前与肩同高置于右脚外侧上方；左手虎口位于左膝上方。

口诀：下沉，右转，重心移到左腿；右手向后抽，左手向前穿。
定式要求：身体向右与右大腿方向保持一致；重心在左脚；右手小臂与地面平行，掌心向右，指尖向前与肩同高；左手臂斜向下45°于左脚前上方。

第4章　太极拳五式、八式、十三式教学

口诀：下沉，右手外推，继续下沉，双手外旋，松肩，松肘，翻掌。

定式要求：身体右前与左脚尖成45°；重心在左脚；右手掌心向上，高度不变；左手掌心向下于腿前上方。

口诀：收右胯，下沉，带右手臂内旋至掌心向前。

定式要求：身体右前侧与左脚尖成45°；重心在左脚；右手掌心向前高度不变；左手掌心向下。

口诀：下沉，微左转，收右腿右手下落；左小臂内收。

定式要求：身体右前侧与左脚尖成22.5°；右手掌心向前于右膝外侧，左手指尖右前方45°。

口诀：下沉，开胸，右手微外旋左小臂内收。

要求：身体右前侧与左脚尖成45°；左手指尖向右；右手掌心向右前方45°。

口诀：下沉，提右腿向右铲出，双手合于右膝内侧。

定式要求：身体与右脚尖方向保持一致；右手指尖与右脚尖方向保持一致；双手十字纹相合成90°。

口诀：下沉，左转，移重心到右腿，左脚跟内收，带两手置于左胯前。

定式要求：双脚尖外摆45°；身体与左大腿方向保持一致。右手指方向与左大腿平行，双手十字纹相合成90°角。

口诀：下沉，微右转，左手内旋外撑，右手臂外旋，双手拉开，下沉。

定式要求：身体正前方与右脚尖成45°；右手位于右腿外侧，掌心平向上，略高于肩，肘沉；左手距离左膝前上方15 cm，掌心斜向下，指尖向前。

口诀：下沉，微左转，翻左手掌心向上。

定式要求：身体方向与左脚尖成22.5°；右手位置不变；左手掌心向上，前两节指节过膝盖。

口诀：下沉，微右转，含胸，双手内旋翻掌，继续右转，左手找右手。

定式要求：身体与右大腿方向保持一致；右手位于右膝内侧上方，指尖与右大腿方向保持一致；左手位于身体中线，指尖与右脚方向保持一致。

口诀：下沉，带双手下落。

定式要求：身体与右脚尖方向保持一致；右手位于右膝内侧，指尖与右大腿方向保持一致；左手位于身体中线，指尖方向与右脚方向保持一致。

口诀：微右转，左手内旋，重心移到左腿。

定式要求：身体与右大腿方向保持一致；左手位于身体中线，指尖向右后与右脚尖成90°；右手贴右膝内侧，指尖向右。

口诀：下沉，左转，身体回正，带双手向左。

定式要求：身体正前方与左脚尖成45°；左手虎口位于左膝内侧，掌心向左，指尖向下；右手位于身体中线，掌心向左，指尖向下。

第4章
太极拳五式、八式、十三式教学

口诀：下沉，微右转，翻右手掌心向前。

定式要求：身体正前方与左脚尖成45°；左手虎口贴于左膝内侧，掌心左前方，指尖垂直向下；右手位于身体中线，掌心向前。

口诀：上下对开，双手向左前方掤出。

定式要求：身体正前方与左脚尖成45°；左手位于左膝内侧上方，掌心左前方；右手小指外沿于身体中线。

口诀：上下对开，左手松肩、松肘，双手翻掌至掌心相对。

定式要求：身体正前方与左脚尖成45°；右手掌根位于身体中线，左肘位于左前腰间，双手大臂自然贴合身体，双手掌心相对，指尖向左前方。

口诀：下沉，摆右脚尖，双手翻掌，右转。

定式要求：身体右前侧与左脚尖成90°；右脚尖向右后右脚与左脚尖成150°；右手掌位于身体中线，掌心向外；左手位于左胯前上方，掌心向上。双手指尖向前与左脚尖成45°。

口诀：继续右转，重心移到右腿，左脚跟外摆。

定式要求：右脚尖在原起势方向的正后方；身体方向与脚尖成45°；右手指尖位于身体中线在右脚尖上方，掌心与右脚尖方向一致；左手与左腿成一直线，掌心向上，指尖向左；左脚掌踮起。

口诀：提左腿上步，左脚点于右脚旁，双手掤于右前方。

定式要求：双脚尖向正前方，双脚间距小于肩距；身体正前方与脚尖方向保持一致；右手指尖位于右膝外侧上方，掌心右前方45度；左手小臂内侧于身体中线。

89

　　口诀：下沉，右转，左手向右里合，提左腿向左铲出，右手外推。
　　定式要求：右脚尖指向正前方；身体与右大腿方向保持一致；左手位于腋下10 cm处，掌心向上；右手位于右膝右侧上方，掌心向右。

　　口诀：下沉，摆右脚尖，右转，移重心至左腿，左手外旋下落于右胯前。
　　定式要求：双脚尖外摆45°；身体与右脚尖方向保持一致；左手位于右胯前，手掌与大腿方向保持一致；右手臂斜向下45°，指尖向前；掌心斜向下。

　　口诀：下沉，微左转，左手臂外旋，双手拉开，下沉。
　　定式要求：身体正前方与右脚尖成45°；左手位于左腿外侧，掌心平向上，略高于肩，肘沉；右手位于右膝前上方15cm处，掌心斜向下，指尖向前。

3. 大如封似闭

　　口诀：下沉，微右转，带左手小臂内旋，右大臂外旋，身体回正左翻掌向下，右手翻掌向上。
　　定式要求：身体正前方与左脚尖成45°；右手指尖与膝盖平齐，贴大腿掌心向上；左手指尖向右前方45°于身体中线，掌心平向下与肘平。

　　口诀：微左转，带右手内旋贴身划弧至身体中线，左手下落。
　　定式要求：身体左前侧与左脚尖成22.5°；左大臂与身体角度不变，左小臂斜向下45°；右手掌心向左，指尖向下位于裆中线。

　　口诀：下沉，微右转，翻双手掌心向外。
　　定式要求：身体正前方与左脚尖方向成45°；右手位于身体中线，掌心向前，左手空间位置保持不变，掌心向外。

第4章
太极拳五式、八式、十三式教学

口诀：微左转，上下对开，双手向左前方掤出。

定式要求：身体左前侧与左脚尖成 22.5°；左手位于左膝内侧上方，掌心向左前方；右手小臂内侧位于身体中线。

口诀：下沉，左手松肩、松肘、双手翻掌至掌心相对。

定式要求：身体左前方与左脚尖成 22.5°；右手掌根位于身体中线，左肘于左前腰间，双手大臂自然贴身体，双手掌心相对，指尖左前方。

口诀：下沉，左转，重心移到右腿，双手继续翻掌。

定式要求：身体左前侧与左脚尖成 22.5°；双手位置保持不变，右手掌心向外，左手掌心向上。

口诀：下沉，微右转，右小臂内收，继续右转，右手微前推，身体回正。

定式要求：身体正前方与右脚尖成 45°；左手小臂内侧位于身体中线，右手位于右膝内侧上方。

口诀：下沉，右转移重心到左腿，双手翻掌向下。

定式要求：身体右前侧与右脚尖成 22.5°；左手位于身体中线，双手指尖方向与右大腿方向保持一致；右手位于右膝内侧上方。

口诀：下沉，右手下落，左手翻掌，左转带双手向左挤出。

定式要求：身体与左脚尖成 22.5°；右掌于裆中线，掌心向左，指尖向下；左掌心向左，指尖向前，位于左膝盖内侧，略低于肩。

口诀：下沉，微右转翻右手掌心向前。

定式要求：身体正前方与左脚尖成45°；右手掌心向前，位于身体中线；左手心向左前方，位于左膝内侧上方。

口诀：上下对开，双手向左前方掤出。

定式要求：身体正前方与左脚尖成45°；左手于左膝内侧上方，掌心左前方；右手小臂内侧于身体中线。

口诀：上下对开，翻双手掌心向下，重心移到右腿，双手向下按。

定式要求：身体与左脚尖方向保持一致；左手贴左膝内侧，指尖向左，右手在身体中线，指尖与左脚尖方向一致。

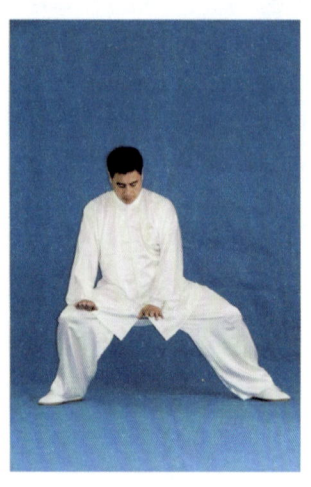

口诀：下沉，微右转，左手内旋右手外旋。

定式要求：身体正前方与左脚尖方成45°；右手掌根贴于右腿内侧，指尖向前；左手于身体中线指尖向前。

口诀：右转，左手内旋，右手外旋翻至掌心向前。

定式要求：身体与右脚尖方向保持一致；左手于右胯前，掌心向前，右手于右大腿上方，掌心向前。

口诀：下沉，右转，重心移到左腿，右手臂外旋至右大腿外侧，左手内旋向上。

定式要求：身体与右大腿方向保持一致；右手位于右大腿外侧，掌心向上；左手位于右胯上方，掌心向前。

第4章 太极拳五式、八式、十三式教学

口诀：收腹，下沉，双手向上抬。

定式要求：身体与右大腿方向保持一致；右手小臂垂直于地面；左手掌心向外于右肩。

口诀：下沉，左肘放松下落，微左转左手外旋，右手内旋，下沉对开，蓄劲。

定式要求：身体微向右前方与右脚尖成22.5°；左手位于身体中线前，左肘贴左肋处，左小臂平行于地面，指尖向上，掌心向内；右手合于右耳下方，掌心向前。

口诀：下沉，双手向前击出。

定式要求：身体微向右前与右脚尖成22.5°；右手掌心向外，指尖向左与肩同高；左手掌心向内；双手位于身体中线。

口诀：下沉，微左转，双手随身体左转向下划弧。

定式要求：身体正前方与左脚尖方成45°；右小臂与地面平行位于右胯上方，右掌心向左，手指向前；左手掌心向后位于身体中线，空间位置保持不变，指尖向右。

口诀：下沉，左手放松下落，左转左手变刁手上提，右手下落右脚跟外摆。

定式要求：身体与左脚尖方向保持一致；右手位于大腿右侧，掌心向左；左手拇指与眼同高位于左膝盖内侧上方。

口诀：继续左转摆左脚尖，左手上提，带右腿上步，右手划弧变托手。

定式要求：身体与左脚尖方向保持一致；左掌心向内位于左脚尖上方，手的上沿与头同高；右肘与膝合，掌心平向上，略低于肩。

93

口诀：下沉，右脚掌点地，双手松肩、沉肘。

定式要求：身体与左脚尖方向保持一致；右手在右脚上方，与肩同高，掌心向上；左手在左前方45°，掌心向内，手掌上沿与眼同高。

口诀：下沉，右脚向前跨一小步。

定式要求：身体与左脚尖方向保持一致；双手位置同前。

口诀：下沉，左手外旋松肩、松肘、翻掌心向上，左转勾右脚尖。

定式要求：身体与左大腿方向保持一致；左手指尖向正前方与左脚尖成45°；右手向正右方与右脚尖成45°，双手成90°。注意手打开时高度保持不变。

口诀：下沉，右手沿右脚尖方向穿，左转，重心移到右腿收左脚跟左手打开。

定式要求：左脚尖方向正前方；身体与左脚尖成22.5°；右手指尖与右脚尖方向保持一致，左手位于左大腿外侧，指尖向左与左脚尖成90°，掌心向上与肩同高。

口诀：收腹，下沉，含胸双手内旋，下沉双手合于双耳旁。

定式要求：身体与左脚尖成22.5°；双手位于双耳下方，掌心向前。

口诀：双手内旋，身体右转。

定式要求：身体与右脚尖方向保持一致，双手略低于肩，掌心向下。

第 4 章
太极拳五式、八式、十三式教学

口诀：双手下按，带左脚上步于右脚旁。

定式要求：身体与右大腿方向保持一致；身体中线位于右大腿内侧；双脚平行；两手中线位于右腿前方，手指打开，双手虎口相对；左手位于右大腿内侧，右手位于右大腿外侧。

4. 云手

 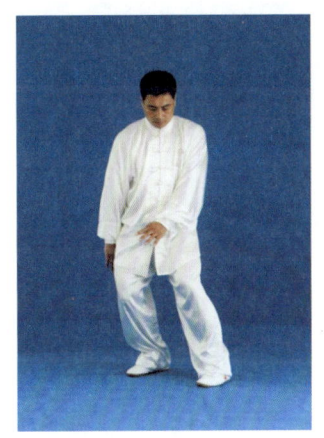 

口诀：下沉，松肩，松肘。

定式要求：身体与右大腿方向保持一致；双手高度不变，右手指尖向左前45°，左手指尖向右前45。

口诀：顶右胯，右手下落，左手微外旋。

定式要求：身体回正与右脚尖方向成45°；右手掌心向后，指尖向下；左手掌心斜向下45°位于裆中线，指尖与右脚尖方向保持一致。

口诀：微左转，带右手内旋至右胯前左手随身体左转至左大腿上方。

定式要求：身体左前侧与右脚尖成90°；右手于右胯前掌心向右；左手大臂贴身体在左大腿上方，掌心斜向下45°。

95

口诀：下沉，收左脚跟左手外旋，右手内旋，一上一下拉开。

定式要求：身体回正与左脚尖方向保持一致，左手指尖与膝盖平齐，掌心向右；左脚尖向前；右手位于右脚尖外侧上方，掌心向右，指尖向前。

口诀：下沉，提左腿向左开一小步。

定式要求：身体与右脚尖成22.5°；右手与肩同高，掌心右前方；左脚尖向前，略向前于右脚半个脚掌；左大臂贴身体，手的空间位置保持不变。

口诀：身体微前倾，带左手贴身体中线。

定式要求：身体与右脚尖成22.5°；右手掌心向右前方，高度与肩平齐；左手掌心向右，指尖向下，位于身体中线。

口诀：下沉，微右转，重心移到左腿左手内旋、右手外旋双手一上一下划弧。

定式要求：身体与右脚尖方向保持一致；右手掌心及手臂斜向下45°于右脚前上方，指尖向前；左手掌心向内，指尖贴右肘，松肩、沉肘。

口诀：下沉，翻掌。

定式要求：身体与右脚尖方向保持一致；右手掌心向左，指尖向下于右脚上方；左手指尖贴右肘处，掌心向外。

口诀：左转，带双手向左击出，提右腿向左脚后方插步。

定式要求：身体左前侧与左脚尖成22.5°；右手位于左大腿外侧，掌心向左，指尖向下；左手掌心向左前方，小臂向前与肩同高。

第 4 章
太极拳五式、八式、十三式教学

口诀：微下沉，重心移到右腿右手内旋，左手外旋一上一下划弧。

定式要求：身体左前侧与左脚尖成 22.5°；右手掌心向内，指尖贴左肘关节；左手臂及掌心斜向下 45°，指尖向前。

口诀：下沉，翻掌。

定式要求：身体左前侧与左脚尖成 22.5°；左手掌心向右，指尖向下；右手指尖贴左肘处掌心向外。

口诀：右转，带双手向右击出，提左腿向左开步。

定式要求：身体与右脚尖方向保持一致；左手位于右大腿外侧，掌心与右脚尖成 90°，指尖向下；右手掌心与右脚尖方向保持一致，小臂向前与肩同高。

口诀：下沉，微右转，重心移到左腿，左手内旋，右手外旋双手一上一下划弧。

定式要求：身体与右脚尖方向保持一致；右手掌心及手臂斜向下 45°于右脚前上方，指尖向前；左手掌心向内，指尖贴右肘，松肩、沉肘。

口诀：下沉，翻掌。

定式要求：身体与右脚尖方向保持一致；右手掌心向左，指尖向下于右脚上方；左手指尖贴右肘处掌心向外。

口诀：左转，带双手向左击出，提右腿向右开步。

定式要求：身体左前侧与左脚尖成 22.5°；右手位于左大腿外侧，掌心向左，指尖向下；左手掌心向左前方，小臂向前与肩同高；右脚尖平行于左脚尖。

97

口诀：下沉，微左转，重心移到右腿，右手内旋，左手外旋，双手一上一下划弧。

定式要求：身体左前侧与左脚尖成 22.5°；左手掌心及手臂斜向下 45°于左脚前上方，指尖向前；右手掌心向内，指尖贴左肘，松肩、沉肘。

口诀：下沉，翻掌。

定式要求：身体左前侧与左脚尖成 22.5°；左手掌心向右，指尖向下位于左脚上方；右手指尖贴左肘处掌心向外。

口诀：右转，带双手向右击出，提左腿向右脚后方插步。

定式要求：身体右前侧与右脚尖成 22.5°；左手位于右大腿外侧，掌心向右，指尖向下；右手掌向右前方，小臂向前与肩同高。

口诀：微下沉，重心移到左腿，左手内旋，右手外旋，一上一下划弧。

定式要求：身体右前侧与右脚尖成 22.5°；左手掌心向后，指尖贴右肘关节；右手臂及掌心斜向下 45°，指尖向前。

口诀：下沉，翻掌。

定式要求：身体右前侧与右脚尖成 22.5°；右手掌心向左，指尖向下位于右脚上方；左手指尖贴右肘处掌心向外。

口诀：下沉，微右转，松肩、松肘，提右腿向右横开一大步，右手下落，左手前推。

定式要求：身体正前方与左脚尖成 45°；右手位于右胯前，掌心向左指尖向下；左手与肩同高，掌心向外，掌心于身体中线。

第4章　太极拳五式、八式、十三式教学

口诀：下沉，左转，重心移到右腿，带右手于左胯前，左手前推下落。

定式要求：身体与左脚尖方向保持一致；右手掌心与左大腿方向保持一致；左手臂斜向下45°，指尖向前。

口诀：收右胯，微右转，右小臂上抬，左小臂内旋下落。

定式要求：身体与左脚尖成22.5°；右手位于身体中线，小臂斜向上45°，指尖左前45°；左手指贴左膝内侧，左小臂垂直于地面，掌背向前，指尖向下。

口诀：下沉，微右转，翻右掌至斜下45°，左手翻掌至掌心向右。

定式要求：身体正前方与右脚尖成45°，左手掌心向右，指尖向下位于左膝内侧；右手掌心斜向下45°于左肩前。

口诀：继续右转，翻掌至右掌心向外，左手松肩、松肘。

定式要求：身体与右脚尖成22.5°，右手掌心向外位于身体中线；左手掌向右方，指尖向下。

口诀：下沉，右转移重心到左腿，左手外旋向上划弧，右手微下落，双手合于右前方。

定式要求：身体与右脚尖方向保持一致；右掌心向外，左掌心向上，左小臂及指尖与右大腿方向保持一致于身体中线平行于地面。

口诀：上下对开，收左小臂右肘微下落。

定式要求：身体与右脚尖方向保持一致；左小臂斜向上45°，手掌外沿位于身体中线；右手肘下落，掌心向外。

口诀：下沉，左手翻掌至掌心斜下45°。
定式要求：身体与右脚尖方向保持一致；左大臂与肘贴身体，掌心斜向下45°，手掌位于身体中线；右肘微下落。

口诀：右手推左手至左手掌心向外。
定式要求：身体与右脚尖方向保持一致；双手位于右胯前上方；左手掌心向外，肘比手略高，指尖斜向右下45°；右手竖掌。

口诀：右手内旋外撑，左转，双手拉开，微外旋，下沉。
定式要求：身体正前方与左脚尖成45°；双臂在双腿外侧上方，双掌打开，掌心向两侧，指尖向上。

5. 高探马

口诀：下沉，微左转，摆左脚尖，左腕领劲里收、右手外旋下落。
定式要求：左脚尖向左；身体与左脚尖成45°；左手指尖与左脚尖方向保持一致于左脚前上方；右手掌心与左脚尖方向保持一致于右大腿外侧。

口诀：继续左转，提右腿上步，左小臂向右胸里合。
定式要求：右脚尖与左脚尖方向保持一致；身体微向右与右脚尖成22.5°；右掌心向前位于右膝外侧，左手指尖向右前方45°。

口诀：下沉，开胸，右手微外旋，左小臂内收。
定式要求：身体与左脚尖方向成45°；左手指尖向右；右手掌心右前方45°。

口诀：下沉，提右腿向右铲出，双手合于右膝内侧。

定式要求：身体与右脚尖方向保持一致；右手指尖与右脚尖方向保持一致；双手十字纹相合成90°。

口诀：下沉，左转，重心移到右腿左脚跟内收，带双手于左胯前。

定式要求：身体与左脚尖方向保持一致；右手掌方向与左大腿平行，双手成90°。

口诀：上下对开，收右小臂左肘下落。

定式要求：身体与左脚尖方向保持一致；右小臂斜向上45°，手掌外沿位于身体中线；左手肘下落。

口诀：下沉右手翻掌至掌心斜下45°。

定式要求：身体与左脚尖方向保持一致；右大臂与肘贴身体，掌心斜向下45°，手掌位于身体中线。左肘微下落。

口诀：左手推右手至右手掌心向外。

定式要求：身体与左脚尖方向保持一致；双手位于左胯前上方；右手掌心向外，肘比手略高；左手竖掌。

口诀：左手内旋外撑，右转，双手拉开，微外旋，下沉。

定式要求：身体正前与右脚尖成45°；双臂在双腿外侧上方，双掌打开，掌心向两侧，指尖向上。

口诀：下沉，微左转，左手外旋翻左掌向上。

定式要求：身体左前侧与左脚尖成 22.5°；左手略低于肩，掌心向上，指尖向左；右手位于右脚上方，掌心与右脚尖方向保持一致。

口诀：右转，带右手向下，左手内旋向右划弧。

定式要求：身体与右脚尖方向保持一致；左掌心向下略低于肩，位于右膝内侧上方，指尖向右；右掌心向下，位于右膝外侧，指尖与膝平齐。

口诀：下沉，人微前倾，翻右掌贴于右大腿。

定式要求：身体与右脚尖方向保持一致；左手高度不变，肘下落；右手大鱼际位置不动，掌心贴大腿，指尖向下。

  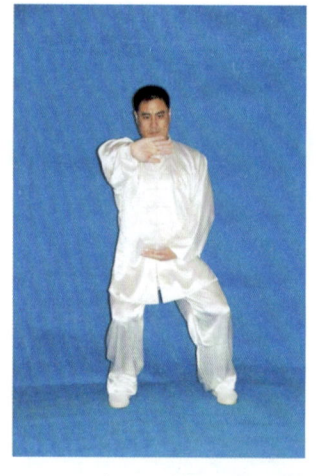

口诀：下沉，右手外旋翻掌上抬，左手下按。

定式要求：身体与右大腿方向保持一致；左手掌心向下，食指贴右膝内侧；右手掌心向内，小臂垂直于地面。

口诀：微左转，左手外旋至掌心向内，左转，带左手内旋至身体中线，右手内旋合于耳旁。

定式要求：身体正前方与右脚尖成 45°；左手位于裆中线，掌心平向下，指尖向右；右手掌心位于耳朵的左前方。

口诀：左转，收左腿，左手翻掌向上，右手向前推出。

定式要求：两脚平行，与肩同宽，重心在右腿，三点一线，脚尖向前，身体与脚尖方向保持一致；右手掌心向外，指根位于身体中线，手掌高度与肩平齐，松肩。

6. 转身摆莲

口诀：下沉，右手外旋松肩松肘至掌心向左，左手翻掌至掌心向里。

定式要求：身体与右脚尖方向保持一致；右手指尖不超过肩，掌心向左，指尖向前，松肩、沉肘于右脚上方；左手掌心贴腹部，指尖向右。

口诀：下沉，右手下落，左转，顶右胯，右手外旋于右胯前，左手旋至指尖向下。

定式要求：身体左前方与左脚尖成22.5°；右掌向前位于右胯前；左掌心贴腹，指尖向下。

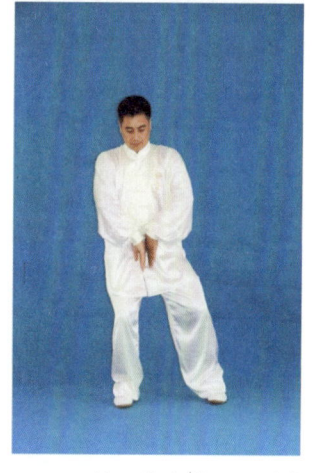

口诀：收右胯，双手内旋至手背相对。

定式要求：身体回正与右脚尖方向保持一致；左手高度不变；右手高度与左手齐；手背相对。

口诀：下沉，右手内旋至肘向前，继续下沉，右肘向上提左手内旋。

定式要求：身体正前方与右脚尖方向保持一致；右手掌心向右，指尖向下位于胸中线；左手空间位置不变，指尖向左下。

口诀：收右胯，双手外旋翻掌，右手松肩松肘。

定式要求：身体正前与右脚尖方向保持一致；右手位于右腿外侧上方，小臂斜向上45°；左手位于肚脐上方。掌心与指尖斜向上45°。

口诀：下沉，双手下落。

定式要求：身体与右脚尖方向保持一致；左手位于腹前，指尖右前45°；右手大臂贴身体，小臂与地面平行位于右大腿外侧，指尖向前。

口诀：顶右胯，右手下落。
定式要求：身体左前侧与左脚尖成22.5°；左手不变，右手指尖斜向下。

口诀：收右胯，微右转，下沉，含胸，双肘打开。
定式要求：身体与右脚尖方向保持一致；左手位置不动，肘打开；右手掌心左上45°，指尖左下45°，位于大腿中间上方。

口诀：下沉，含胸，双手向两侧打开。
定式要求：身体正前方与右脚尖方向保持一致；左手腕与肩同高位于左脚外侧上方，掌心向右，指尖向右下；右手指尖向左下位于右腿外侧。

口诀：后背放松下沉，双手继续拉开。
定式要求：身体与右脚尖方向保持一致；右手掌心向左，指尖斜向前下45°，左手腕略高于肩，掌心向右，指尖斜向前下45°，双手掌心相对。

口诀：下沉，右转移重心到左腿，摆右脚尖，双手合于右前方。
定式要求：右脚尖与左脚尖成45°；身体与右脚尖方向保持一致；右手大臂贴身体，小臂位于右大腿上方与地面平行，指尖与右大腿方向保持一致；左脚三点一线，左手掌根合于右手腕上。

口诀：上下对开，收右小臂。
定式要求：身体与右脚尖方向保持一致；右小臂斜向上45°，左手不动。

第4章 太极拳五式、八式、十三式教学

口诀：下沉，翻右手掌心向外摆右脚尖。

定式要求：身体与左脚尖成 90°；右脚尖尽量外摆，双手空间位置不变于右脚上方，右掌心与右脚尖方向保持一致。左脚尖方向保持不变。

口诀：右转移重心到右腿，提左腿点于右脚旁，以右脚掌为轴继续外旋右转（共 270°）。

定式要求：右脚尖向右前方 45°；身体与右脚尖方向成 22.5°；右手位于右膝外侧上方，掌心右前方 45°。左脚尖向正前方；左手指按于右腕处。

口诀：收腹，下沉，提左腿向左铲出。

定式要求：身体方向与右脚尖方向保持一致；右掌位于右脚上方，掌心朝右前方，左手指按在右腕处；左脚左前 45°。

口诀：下沉，左手外旋下落于右膝内侧。

定式要求：身体与右大腿方向保持一致；左手指尖斜向右下贴于右膝内侧，掌心向里；右手空间位置保持不变。

口诀：微下沉，右手外撑，左转，带左手至左膝内侧，身体回正。

定式要求：身体正前方与右脚尖成 45°；左手指尖向下贴左膝内侧；右手空间位置保持不变。

口诀：下沉，左转，左手翻掌向上。

定式要求：身体左前方与左脚尖成 22.5°；右手空间位置保持不变；左手掌心向上，指尖过膝。

口诀：右转，含胸，左脚跟外摆，移重心到左腿，左手内旋向右划弧，右手外旋至掌心向下。

定式要求：身体与右脚尖方向保持一致；重心在左腿，左脚尖向正前方；双手掌心向下，双手指尖与右脚尖方向保持一致，右手位于右膝内侧，左手位于身体中线。

口诀：下沉，左转，双手变按，收右腿。

定式要求：身体右前侧与左脚尖成22.5°；右脚位于左脚前半个脚掌；左手位于右膝上方，指尖向右；右手位于右膝外侧上方，指尖与右大腿方向一致；双手掌心向下，双手臂高度45°。

口诀：提右脚，向左前踢出，右脚背击于双手掌。

口诀：随右脚下落，身体下沉，双掌变拳，微左转身体回正，左拳外旋，双拳落于身体前方。

定式要求：身体正前方与脚尖方向保持一致；右拳心向下位于身体中线；左拳位于左脚上方；双小臂与地面平行；右脚位于左脚前半脚掌，脚尖向前。

口诀：下沉，右转，带左手内旋，右手外旋，拳心相对，向右划弧。

定式要求：身体向右与左脚尖成90°；右小臂与地面平行，拳面向正右方，左拳位于右腿外侧；双拳心相对。

口诀：下沉，左手内旋上提，右手外旋下落。

定式要求：身体右前与左脚尖成45°；左拳心向下略高于肩，右拳位于右腿上方，拳心向上；双拳心相对。

第 4 章　太极拳五式、八式、十三式教学

口诀：下沉，左转，双拳心相对向上向左划弧打出，右腿向后撤步。

定式要求：身体左前侧与左大腿方向保持一致；左拳心向上，拳面与左大腿方向保持一致于左脚前上方；右拳心向下。

7. 金刚捣碓

口诀：双拳变掌，下沉摆右脚尖，左转，左脚跟内收移重心到右腿，右掌内旋里收，右转，带双手向右。

定式要求：身体正前方与右脚尖成 45°；重心在右腿，双脚尖外摆 45°；右掌心右前方位于右膝内侧上方；左掌心向上，于体前中线。

口诀：上下对开，左小臂上抬。

定式要求：身体正前方与右脚尖成 45°；左小臂斜向上 45°。

口诀：右转，左手内旋，右手向后抽。

定式要求：身体与右脚尖方向保持一致；右手位于右大腿外侧与肘、肩平齐，右小臂与指尖向正前方；左手掌斜向上 45°，指尖向右前 45°；肘沉于身体中线。

107

口诀：下沉，左手内旋，右手外旋前推翻掌向下。

定式要求：身体与右脚尖成22.5°；双手指尖与右大腿方向保持一致，右手位于右大腿外侧；左手位于身体中线；双手掌心向下。

口诀：下沉，带双手下按。

定式要求：身体与右脚尖成22.5°；右手指尖与右大腿方向保持一致，位于右膝上方；左手指尖向右贴右大腿内侧，拇指位于大腿中间。

口诀：微右转，移重心到左腿，左转身体回正，放松下沉，翻右掌。

定式要求：身体正前方与左脚尖成45°；左肘关节成90°，左小臂与身体成90°与地面平行，掌心向下，掌指关节微曲，指尖斜下，左大臂贴身体，右手掌心向上位于右大腿上。

口诀：收腹下沉，含胸双肘打开。

定式要求：身体正前方与左脚尖成45°；右手小指背贴大腿，指尖向前；左手掌心向下，指尖不超过身体中线，指尖向右前45°。

口诀：双手向两侧打开。

定式要求：身体正前方与左脚尖成45°；左手掌心平向下，指尖向左前45°于左脚前上方；右手于右大腿外侧，掌心向上，指尖右前方45度。

口诀：后背放松，双手继续向两侧打开。

定式要求：身体左前侧与左脚尖成22.5°；左掌心向下，指尖与左大腿方向保持一致；右掌心向上，指尖向正右方。

第4章
太极拳五式、八式、十三式教学

 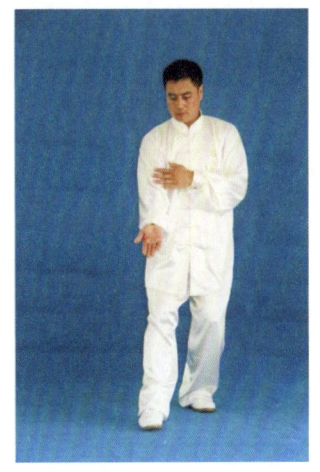 

口诀：下沉，左转，摆左脚尖，左手内收，右手内旋下落于右大腿外侧。

定式要求：左脚尖向左；身体与左脚尖成45°，左手指尖与左脚尖成45°，位于左脚前上方；右手掌心与左脚尖方向保持一致位于右大腿外侧。

口诀：提右腿上步，带右手向前，左手合于右大臂下方。

定式要求：左脚尖向正前方；身体与左脚尖方向保持一致；右手臂斜向下45°于右脚上方；左手指贴于右大臂下方，指尖向右。

口诀：下沉，右小臂向上抬至斜向上45°。

定式要求：身体正前方与左脚尖方向保持一致；右小臂斜向上45°。

 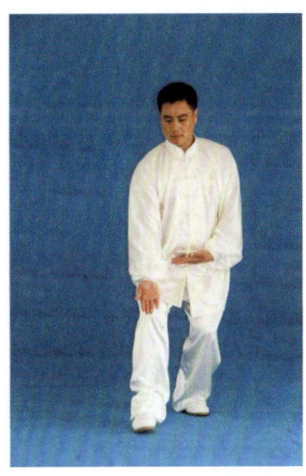 

口诀：微前倾左手贴身翻掌，右手微里合。

定式要求：身体正前方与左脚尖方向保持一致；右小臂垂直于地面，左手掌心向上，手指贴右手肘关节。

口诀：下沉，双手放松下落，收右脚。

定式要求：身体向正前方；右手掌背贴于右膝，指尖与膝平齐；左手掌心平向上位于腹前。

口诀：提右膝，右掌变拳上提。

定式要求：身体与左脚尖向左成22.5°；肘与右膝合，右拳背与左脚尖方向保持一致；右脚自然下垂；左手位置保持不变。

109

口诀：震脚砸拳。
定式要求：双脚平行与肩同宽；身体正前方与左脚尖方向保持一致；右拳背贴左掌心，拳心掌心向上。

8. 收势

口诀：人下沉，双手向身体两侧拉开，掌心相对。

口诀：人起来，双手向两侧拉至肩平，掌心向下。

口诀：人下沉，双手翻掌心向上，划弧至头顶，掌心相对。

第4章　太极拳五式、八式、十三式教学

口诀：继续下沉，松肩，松肘，开胸，两肘向两侧打开。
定式要求：双手指尖相对于胸前。

口诀：继续下沉带双手下按，人起来，双手继续向下按至腹前。

口诀：收腹，下沉，双手下落至掌心向里，胸腔膨胀，双手向两侧拉开。

口诀：重心移到右腿，下沉，含胸，双手向前划弧，收左脚，放松，两手慢慢收拢至小腹部。

口诀：人慢慢站起来，双手自然回到身体两侧放松。

4.1.3 十三式的线路口诀和定式要求

1. 起势

口诀：双腿并立，双手放在双腿两侧。

口诀：重心到右腿，右腿慢慢往下沉，左腿左膝领劲慢慢往上提，向左横开一步，点地，踏实。

定式要求：右脚、膝、胯成一直线。

口诀：右腿慢慢站立，重心移到中间。

定式要求：双脚平行与肩同宽；双手位于双腿两侧。

口诀：收腹下沉，胸腔膨胀。

定式要求：大腿与地面成135°，中指位置保持不变。

口诀：继续下沉，带双手下落于双膝外侧。

定式要求：双手手指方向与大腿平行。

口诀：收腹，下沉，含胸带双臂内旋。

定式要求：掌背向前，指尖与膝平齐。

第4章

太极拳五式、八式、十三式教学

口诀：继续下沉，松肩，松肘。

定式要求：指尖位置保持不变。

口诀：双手下穿。

定式要求：指根贴于膝盖，指尖垂直于地面。

口诀：收腹，下沉，胸腔膨胀，带双手在身体前方慢慢往上提。

定式要求：双手与肩同宽，与肩同高，掌心向下。

口诀：双肩向后，下沉，继续下沉，松肩，松肘。

定式要求：双手掌心向前，大臂自然下垂，双肘与身体在同一平面。

口诀：微前倾。

定式要求：双手与身体的空间位置保持不变。

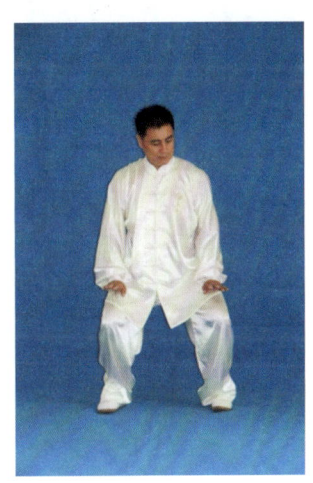

口诀：下沉，带双手下落，身体回正。

定式要求：双手掌根贴于大腿前中间，指尖向前，掌心向下。

2. 右野马分鬃

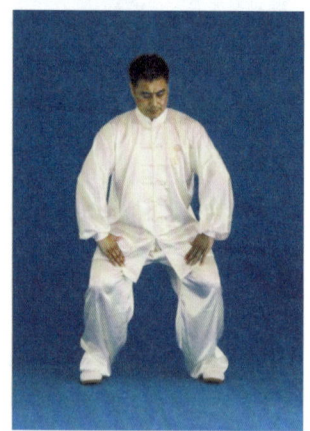

口诀：收腹，下沉，双手下落，含胸，双手内旋。

定式要求：身体、脚尖向正前方；双脚与肩同宽、平行；双手指腹贴大腿内侧，指尖斜向下。

口诀：微右转，左手内旋，手指领劲往左膝前穿，右手臂内旋向上提。

定式要求：身体微向右转与脚尖方向成22.5°；重心在中间；右手掌心向右，指尖向前与肩同高，位于右脚外侧上方；左手虎口，位于左膝上方。

口诀：下沉，右转，重心移到左腿，右手向后抽，左手向前穿。

定式要求：身体向右与右大腿方向保持一致；重心在左脚；右手小臂与地面平行，掌心向右，指尖向前与肩同高；左手臂斜向下45°，位于左脚前上方。

口诀：下沉，右手外推，继续下沉，双手外旋，松肩，松肘，翻掌。

定式要求：身体右前侧与左脚尖成45°；重心在左脚；右手掌心向上，高度保持不变；左手掌心向下位于腿前上方。

口诀：收右胯，下沉，带右手臂内旋至掌心向前。

定式要求：身体右前侧与左脚尖成45°；重心在左脚；右手掌心向前高度保持不变；左手掌心向下。

口诀：下沉，微左转，收右腿右手下落，左小臂内收。

定式要求：身体右前侧与左脚尖成22.5°；右手掌心向前位于右膝外侧，左手指尖向右前方45°。

第4章 太极拳五式、八式、十三式教学

口诀：下沉，开胸，右手微外旋左小臂内收。

定式要求：身体右前侧与左脚尖成45°；左手指尖向右；右手掌心向右前方45°。

口诀：下沉，提右腿向右铲出，双手合于右膝内侧。

定式要求：身体与右脚尖方向保持一致；右手指尖与右脚尖方向保持一致；双手十字纹相合成90°。

口诀：下沉，左转，收左脚跟，重心移到右腿，带两手于左胯前。

定式要求：双脚尖外摆45°；身体与左大腿方向保持一致。右手指方向与左大腿平行，双手十字纹相合成90°。

口诀：下沉，微右转，左手内旋外撑，右手臂外旋，双手拉开，下沉。

定式要求：身体正前方与右脚尖成45°；右手位于右腿外侧，掌心平向上，略高于肩，肘沉；左手位于左膝前上方15 cm处，掌心斜向下，指尖向前。

115

3. 背折靠

口诀：下沉，微左转，左手变拳外旋。
定式要求：右手空间位置不变；左拳空间位置不变，拳心斜向下45°。

口诀：下沉，右手变拳，右转移重心到左腿，带左手向右划弧，右拳下落。
定式要求：身体向右前45°；右手位于右膝上方，拳心向上；左拳面及小臂向右，拳心向下位于右肩前。

口诀：下沉，左转，以右拳面为支点内旋，重心移到右腿。
定式要求：身体左前侧与左脚尖成22.5°，右拳面贴右膝，拳背向前；左拳心向下于右肋处。

口诀：下沉，微左转，右拳上提、内旋、外摆，向左击出，左拳下落，身体下沉回正。
定式要求：身体向正前方，左拳在腹前，拳背平向上，右拳心向右前方位于右胯前上方。

口诀：下沉，右手外旋，松肩、松肘至右拳心向左。
定式要求：身体向正前方，右拳略低于肩，拳心向左位于右胯前上方；左拳位置保持不变。

口诀：右转，重心到移左腿，右手外旋。
定式要求：身体向右前方45°；左拳位置保持不变，肘出；右拳在身体中线，位于右膝内侧上方，小臂与地面平行，拳心向上。

第4章　太极拳五式、八式、十三式教学

口诀：下沉，左转，重心移到右腿，带右拳向左，左拳后拉。

定式要求：身体和左大腿方向保持一致，左拳心向下，拳眼贴左腰处；右小臂与左大腿方向保持一致位于右胯前。

口诀：微右转，右手内旋，右肘上提，右手继续内旋，右转拉开，左肘里折。

定式要求：双肩成一直线方向与右脚尖方向保持一致，左拳撑在左腰间，手腕要撑直，小指无名指根节撑在胯骨上。右拳心向外位于右胸前。

4. 云手

口诀：放松下沉，左拳变掌下落，右拳变掌前推。

定式要求：身体向正前方，左手位于左胯外侧，掌心向右，指尖向下；右手掌心向外位于胸前中线。

口诀：下沉，右转移重心到左腿，两手一上一下划弧。

定式要求：身体与右脚尖方向保持一致；右手掌心及手臂斜向下45°于右脚前上方，指尖向前；左手掌心向内，指尖贴右肘，松肩、沉肘。

口诀：下沉，翻掌。

定式要求：身体与右脚尖方向保持一致；右手掌心向左，指尖向下位于右脚上方；左手指尖贴右肘处，掌心向外。

口诀：左转，带双手向左击出、提右腿向左脚后方插步。
定式要求：身体左前侧与左脚尖成22.5°；右手位于左大腿外侧，掌心向左，指尖向下；左手掌心向左前方，小臂向前与肩同高。

口诀：微下沉，重心移到右腿，右手内旋，左手外旋，一上一下划弧。
定式要求：身体左前侧与左脚尖成22.5°；右手掌心向内，指尖贴左肘关节；左手臂及掌心斜向下45°，指尖向前。

口诀：下沉，翻掌。
定式要求：身体左前侧与左脚尖成22.5°；左手掌心向右，指尖向下。右手指尖贴左肘处，掌心向外。

口诀：右转，带双手向右击出，提左腿向左开步。
定式要求：身体与右脚尖方向保持一致；左手位于右大腿外侧，掌心与左脚尖成90°，指尖向下；右手掌心与右脚尖方向保持一致，小臂向前与肩同高。

口诀：下沉，微右转，移重心到左腿，左手内旋，右手外旋，双手一上一下划弧。
定式要求：身体与右脚尖方向保持一致；右手掌心及手臂斜向下45°于右脚前上方，指尖向前；左手掌心向内，指尖贴右肘，松肩、沉肘。

口诀：下沉，翻掌。
定式要求：身体与右脚尖方向保持一致；右手掌心向左，指尖向下于右脚上方；左手指尖贴右肘处，掌心向外。

第4章　太极拳五式、八式、十三式教学

口诀：左转，带双手向左击出，提右腿向右开步。

定式要求：身体左前侧与左脚尖成22.5°；右手位于左大腿外侧，掌心向左，指尖向下；左手掌向左前方，小臂向前与肩同高；右脚尖平行于左脚尖。

口诀：下沉，微左转，重心移到右腿，右手内旋，左手外旋，双手一上一下划弧。

定式要求：身体左前侧与左脚尖成22.5°；左手掌心及手臂斜向下45°于左脚前上方，指尖向前；右手掌心向内，指尖贴左肘，松肩、沉肘。

口诀：下沉，翻掌。

定式要求：身体左前侧与左脚尖成22.5°；左手掌心向右，指尖向下于左脚上方；右手指尖贴左肘处，掌心向外。

口诀：右转，带双手向右击出，提左腿向右脚后方插步。

定式要求：身体右前侧与右脚尖成22.5°；左手位于右大腿外侧，掌心向右，指尖向下；右手掌向右前方，小臂向前与肩同高。

口诀：微下沉，移重心到左腿，左手内旋、右手外旋，一上一下划弧。

定式要求：身体右前侧与右脚尖成22.5°；左手掌心向后，指尖贴右肘关节；右手臂及掌心斜向下45°，指尖向前。

口诀：下沉，翻掌。

定式要求：身体右前侧与右脚尖成22.5°；右手掌心向左，指尖向下于右脚上方；左手指尖贴右肘处，掌心向外。

社会体育指导员（太极拳）五级
SHEHUI TIYU ZHIDAO YUAN

口诀：下沉，微右转，松肩，松肘，提右腿向右横开一大步，右手下落，左手前推。

定式要求：身体正前方与左脚尖成45°；右手位于右胯前，掌心向左指尖向下；左手与肩同高，掌心向外，掌心于身体中线。

口诀：下沉，左转，重心移到右腿，带右手于左胯前，左手前推下落。

定式要求：身体与左脚尖方向保持一致；右手掌心与左大腿方向保持一致；左手臂斜向下45°，指尖向前。

口诀：收右胯，微右转，右小臂上抬，左小臂内旋下落。

定式要求：身体与左脚尖成22.5°；右手位于身体中线，小臂斜向上45°，指尖左前45°；左手指贴左膝内侧，左小臂垂直于地面，掌背向前，指尖向下。

口诀：下沉，微右转，翻右掌至斜下45°，左手翻掌至掌心向右。

定式要求：身体正前方与右脚尖成45°，左手掌心向右，指尖向下于左膝内侧；右手掌心斜向下45°于左肩前。

口诀：继续右转，翻掌至右掌心向外，左手松肩、松肘。

定式要求：身体与右脚尖成22.5°，右手掌心向外于身体中线；左手掌向右方，指尖向下。

口诀：下沉，右转移重心到左腿，左手外旋向上划弧，右手微下落，双手合于右前方。

定式要求：身体与右脚尖方向保持一致；右掌心向外，左掌心向上，左小臂及指尖与右大腿方向保持一致于身体中线且平行于地面。

第 4 章
太极拳五式、八式、十三式教学

口诀：上下对开，收左小臂，右肘微下落。

定式要求：身体与右脚尖方向保持一致；左小臂斜向上45°，手掌外沿位于身体中线；右手肘下落，掌心向外。

口诀：下沉，左手翻掌至掌心斜下45°。

定式要求：身体与右脚尖方向保持一致；左大臂与肘贴身体，掌心斜向下45°，手掌位于身体中线；右肘微下落。

口诀：右手推左手至左手掌心向外。

定式要求：身体与右脚尖方向保持一致；双手位于右胯前上方；左手掌心向外，肘比手略高，指尖斜向右下45°；右手竖掌。

口诀：右手内旋外撑，左转，双手拉开，微外旋，下沉。

定式要求：身体正前方与左脚尖成45°；双臂在双腿外侧上方，双掌打开，掌心向两侧，指尖向上。

5. 右蹬一根

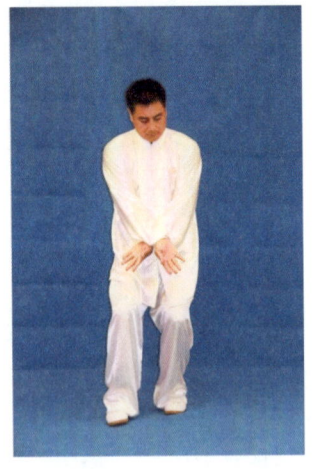

口诀：下沉，左脚跟外摆，双手下落外旋相合，收右脚。

定式要求：双脚尖向正前方；身体与脚尖方向保持一致，双手掌心向外，双手腕合于腹前；右脚点于左脚前半个脚掌。

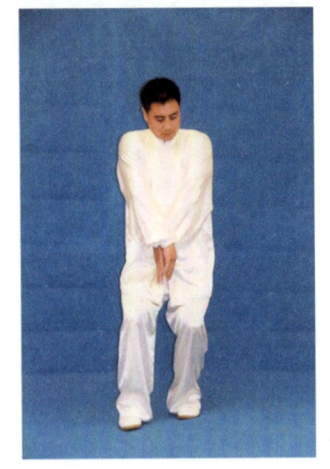

口诀：收腹，下沉，含胸，双臂内旋。

定式要求：双手空间位置保持不变，掌心相对。

口诀：下沉，双肘上提。

定式要求：双手位于胸前，双肘比肩高。

口诀：前倾，双手外旋翻掌。

定式要求：双手腕相交，掌心斜向上45°。

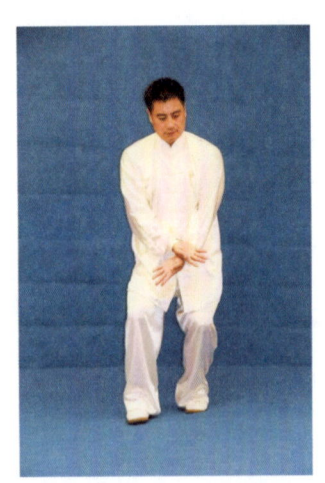

口诀：下沉，带双手下落。

定式要求：双手掌心斜向下于腹前。

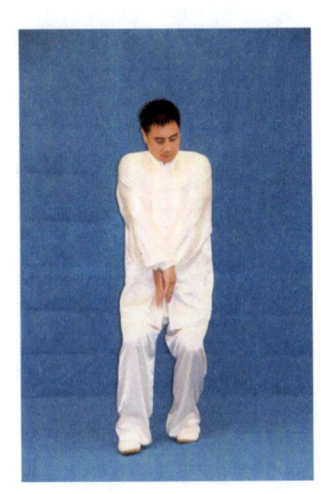

口诀：收腹，下沉，含胸，双臂内旋。

定式要求：双手空间位置保持不变，掌心相对。

第 4 章
太极拳五式、八式、十三式教学

口诀：下沉，双肘上提。
定式要求：双手位于胸前，双肘比肩高。

口诀：前倾，双手外旋翻掌。
定式要求：双手腕相交，掌心斜向上45°。

口诀：下沉，双手里合提右腿。
定式要求：双手指贴于双肩前。

口诀：右脚后跟用力向右蹬出，双手向两侧打开。

123

6. 掩手肱拳

口诀：双手向上划弧，合于头顶上方。

定式要求：左掌向下，右拳向下，合于头顶上方。

口诀：震右脚，双手下按，左腿向左后45°撤步。

定式要求：身体与右脚尖成45°，右脚尖向正前方，左脚尖与右脚成90°；双手位于腹前。

口诀：下沉，右转，重心移到左腿，左转，右手外旋，左手内旋搓开。

定式要求：身体与左脚尖成45°，右拳心向上于右脚跟上方；左手掌心向外于右胸前。

口诀：收右胯，左手指领劲下旋，右拳里合。

定式要求：身体与右脚尖方向保持一致；左手手指向下，大臂向前；右拳拳心向下，小臂向前与左大臂平行于右膝前上方。

口诀：身体前倾，左肘里合。

定式要求：右手与身体的位置角度保持不变；左肘斜向下45°。

口诀：身体回正，左手指领劲上旋至指尖向右，外旋前推与右拳相合。

定式要求：身体与右脚尖成22.5°，双手位于右大腿里侧上方；手臂与地面成45°。

第 4 章
太极拳五式、八式、十三式教学

口诀：收腹，下沉，胸腔膨胀，双手下落于右胯前。
定式要求：身体与右脚尖方向保持一致，双手位于右胯上方。

口诀：下沉，含胸右转，左掌、右拳前后拉开。
定式要求：身体与右脚尖方向保持一致；左手掌心向左位于裆中线；右拳位于右胯正后方，拳背向右。

口诀：下沉，右拳放松外旋，左手随身体下沉前穿。
定式要求：身体与右脚尖方向保持一致，右手小臂贴右胯后方，拳心向右；左手臂斜向下 45°于裆中线。

口诀：下沉，收右拳，左手外旋，松肩，松肘。
定式要求：身体与右脚尖成 22.5°，右小臂垂直于地面；左手掌心斜向下 45°，指尖与右脚尖方向保持一致。

口诀：下沉，左转，重心移到右腿，左手继续外旋。
定式要求：身体与右脚尖成 45°；左手指尖和身体同一方向；右拳位于右胯前上方，小臂垂直于地面，拳心向内。

口诀：继续左转，左手外旋里收，右拳下落。
定式要求：身体与左脚尖成 22.5°，右拳心向上，小臂与地面平行于右胯上方；左手掌心斜向上 45°，左小臂、右拳面与左脚尖方向保持一致。

口诀：收右胯，右转，右拳里收，左手外旋穿掌。
定式要求：身体与右脚尖成22.5°，左手与左脚尖成22.5°；右拳拳心向上于右腰间。

口诀：收左胯，蹬右腿移重心到左腿，左转，顶右胯，右拳内旋打出，左掌变拳，左肘向后击出。
定式要求：身体与左大腿方向保持一致，右拳心向下，右拳面与左脚尖方向保持一致；左拳心向上于左腰间。

7. 小擒打

口诀：下沉，右手外旋，左手内旋，左转移重心到右腿，双手放松下落（右拳心向上于左胯前，左拳心贴左腹），右转，右手内旋，左手外旋，一上一下拉开，双拳变掌。
定式要求：身体与右脚尖成45°；右手于右膝前上方，指尖与左脚尖方向保持一致；左手贴左膝内侧，指尖向前；双手掌心相对。

口诀：下沉，右手松肩，松肘，左手手指领劲向下。
定式要求：身体与右脚尖成45°；左手指尖斜向下；右手指尖斜向上。

口诀：下沉，右转，双手内旋翻掌。
定式要求：身体与右脚尖方向保持一致；右手掌心方向和右脚尖方向保持一致，位于右膝内侧上方；左手指贴左大腿内侧。

第4章
太极拳五式、八式、十三式教学

口诀：下沉，右转摆左脚跟，重心移到左腿，抽右手，左手内旋前穿。

定式要求：身体与右大腿方向保持一致，左脚尖与右脚尖成45°；右手掌心向外，指尖与右脚尖方向一致于右膝上方，双手臂平行于左腿内侧上方。

口诀：下沉，双手外旋松肩、松肘翻掌。

定式要求：身体与右大腿方向保持一致，右手与右脚尖成90°，掌心向上；左手指尖与右脚尖平行于左胯前上方，掌心向下。

口诀：下沉，含胸，带右手内旋翻掌。

定式要求：双手空间位置保持不变，右手掌心与右脚尖方向保持一致。

口诀：收右胯，右手下落，收右腿，左手里合。

定式要求：右脚尖向正前方；身体与右脚尖方向保持一致，右手腕贴右腰间；左手指尖向右前45°。

口诀：下沉，提右腿上步，带右手前穿，双手合于右腿上方。

定式要求：右脚尖向正前方；右手掌心向上，指尖向前，小臂与地面平行于右脚上方；左手指贴手腕。

口诀：上下对开，右小臂上抬，左肘下沉。

定式要求：右小臂斜向上45°；左肘略向下。

127

口诀：翻右掌。
定式要求：右手掌心斜向下45°。

口诀：下沉，摆右脚尖，左手推右手。
定式要求：右脚尖外摆45°；身体和右脚尖方向保持一致；右手掌于右脚内侧上方，掌心与右脚尖方向保持一致。

口诀：收腹，下沉，含胸，移重心到右腿。
定式要求：双手空间位置保持不变。

口诀：下沉，双手微前推，收左腿。
定式要求：身体与右脚尖方向保持一致；右手掌心与右脚尖方向保持一致，于右脚前上方；左脚尖向正前方，左小臂与左脚尖成90°且与地面平行。

口诀：收腹，下沉，左脚向左铲出。
定式要求：身体与右脚尖方向保持一致，右掌位于右脚上方，掌心朝右方，左手指按在右腕处，双脚成90°。

口诀：下沉，左手外旋下落。
定式要求：左手指尖斜向右下贴于右膝内侧，掌心向里；右手空间位置保持不变。

第 4 章
太极拳五式、八式、十三式教学

口诀：下沉，右手向外撑，左转，带左手向左，身体回正。
定式要求：身体向正前方；左手指尖向下贴左膝内侧；右手空间位置保持不变。

口诀：下沉，右小臂内收，右转，右手向后抽，左臂内旋。
定式要求：身体与右大腿方向保持一致，右手掌心向外于右大腿外侧；左手空间位置保持不变。

口诀：右手外推，重心移到左腿，左手松肩、沉肘。
定式要求：身体与右脚尖方向保持一致，右手指尖向前，掌心正右方；左手指贴左膝内侧，指尖向下。

口诀：下沉，左转，右手松肩、松肘，外旋下落。
定式要求：身体左前侧与左脚尖成 22.5°，右手位于身体中线，掌心向左，指尖向下；左手位置保持不变。

口诀：下沉，左转，重心移到右腿，右手到左胯前。
定式要求：身体左前与左脚尖方向保持一致；左大臂贴身体，左手掌心贴大腿；右手掌心与左大腿方向一致于左胯前。

口诀：右转，右手内旋，下沉，微右转，右肘领劲向右上提，左手往下撑。
定式要求：身体向正前方，右手掌心平向下于胸前；左手掌根贴左膝上方，指尖与左脚尖方向保持一致，掌心平向下。

129

口诀：蹬右脚，右掌往左膝内侧击出，左肘往后击出。

定式要求：右手指尖向正左方；身体与右手指同一方向；右掌根于左膝内侧，掌心平向下；左手指尖向正左方，掌心平向下于左后腰。

8. 如封似闭

口诀：下沉，微右转移重心到右腿，双手下按。

定式要求：身体与左脚尖成22.5°，左手掌根贴左膝上方，指尖向左，掌心平向下；右手位于裆中线，掌心平向下，指尖向左。

口诀：右转、双手变拳，右拳外旋至右膝上方，左拳向右上划弧。

定式要求：身体右前侧与右脚尖方向保持一致；右拳于右膝髌骨上方，拳心向上；左拳面正右方，小臂平行地面于右肩前。

口诀：下沉，右转移重心到左腿，右拳旋至右膝外侧。

定式要求：身体与右大腿方向保持一致，左肘微下落。右大臂贴身体，右拳心向上于右大腿外侧。

第 4 章
太极拳五式、八式、十三式教学

口诀：下沉，收右臂，左拳下落。
定式要求：身体与右脚尖方向保持一致，右小臂垂直于地面，拳心向左；左拳心平向下于右胯前。

口诀：左转，带左手向左，右拳内旋领劲变栽拳。
定式要求：身体向正前方，右拳眼贴胸中线，拳背向左垂直于地面；左手拳心向下，拳眼贴小腹。

口诀：右拳向下栽，左拳下落，收右脚向前。
定式要求：身体右前侧与右脚尖成45°，右脚尖向正前方；左拳面贴右膝内侧，拳背平行于大腿面；右拳心向右；双手腕相交。

口诀：人下沉，微右转，右肘里合。
定式要求：双手空间位置保持不变；右小臂贴大腿。

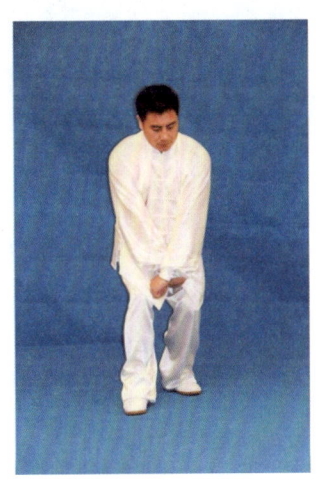

口诀：以左拳面为支撑点，把身体撑起。
定式要求：双手空间位置保持不变，左小臂撑直。

口诀：上身回正，两手上提外旋翻掌。
定式要求：身体向右前22.5°，双手交叉点于右脚上方；右手指尖向左前45°，左手指尖向右前45°。

131

口诀：收腹，下沉，双手微前伸，提右脚向右前方开步。

定式要求：身体右前侧与右脚尖方向保持一致；右小臂指尖向前于右膝前上方，小臂平行于地面；左手指尖向右前方。

口诀：下沉，右手沿右脚尖方向穿掌，左转、重心移到右腿、双手拉开。

定式要求：身体与左脚尖方向保持一致，右手指尖与右脚尖方向保持一致，左手位于左大腿外侧，指尖向左，掌心向上与肩同高。

口诀：收腹，下沉，含胸双手内旋，下沉双小臂里合于双耳旁。

定式要求：身体与左脚尖方向保持一致，双手位于双耳下方，掌心向前。

口诀：双手内旋，身体右转。

定式要求：身体与右脚尖方向保持一致，双手略低于肩，掌心向下。

口诀：双手下按，带左脚上步于右脚旁。

定式要求：身体与右大腿方向保持一致；身体中线位于右大腿内侧；双脚平行；两手中线位于右腿前方，手指打开，双手虎口相对；左手位于右大腿内侧，右手位于右大腿外侧。

9. 单鞭

口诀：下沉，松肩，松肘。

定式要求：身体与右大腿方向保持一致，双手高度不变，双手指尖与右脚尖各成45°。

口诀：右转，双手外旋、左掌前穿、右臂内收。

定式要求：右手大臂贴身体，身体正右方，右小臂与右脚尖成45°，小臂与地面平行；左手指尖与左脚尖方向保持一致于左胯前上方，小臂斜向上45°。

口诀：身体左转，右手向左里合。

定式要求：身体正前方与右脚尖成45°；右手指尖向左，掌心平向上，于左腹前；左手指尖与右脚尖方向保持一致，左肘贴身体，小臂斜向上45°。

口诀：下沉，左手松肩、松肘外旋，右手变勾手内旋，往右侧方向上提，含胸，左掌合于小腹前。

定式要求：身体与右脚尖方向保持一致，左手掌心平向上于小腹前；右手位于右脚掌外侧上方。

口诀：收右胯，右转，提左腿向左铲出。

定式要求：身体右前方与右脚尖方向保持一致；右手位于正右方；左手掌心向上于腹前。

口诀：下沉，重心移到左腿勾右脚尖，左转，左手随左转往左拉开。

定式要求：身体左前侧与左脚尖成22.5°；左手掌心向上，指尖向前于左腰处；右手正右方。

口诀：下沉，左转，重心移到右腿，右转左手向右穿掌至小腹前。

定式要求：身体右前方与右脚尖成 22.5°，左手掌心平向上，指尖向右于腹前。

口诀：下沉，右转、左掌往右手方向穿，收右脚跟移重心到左腿。

定式要求：身体与右大腿方向保持一致，右手于右膝前上方；左手指尖斜向上 45°对右手。

口诀：顶右胯、翻左手掌心向里，收右胯下沉、翻左手掌心向外。

定式要求：身体与右脚尖方向保持一致，右手空间位置保持不变，左手掌心向前指尖向右。

口诀：左转，拉开，左手臂微外旋，下沉。

定式要求：身体向正前方，双手臂成 180°，左手掌心向左。

10. 雀地龙

口诀：下沉，右转，双手变拳外旋。左手里合，右拳下落。

定式要求：身体向右前方45°；右拳拳心向上于右膝内侧，小臂与右脚尖方向保持一致；左拳位于左胸前，小臂垂直于地面。

口诀：下沉，左转、重心移到右腿，带右拳到左胯前。

定式要求：身体向左前方45°；左手空间位置保持不变；右拳于左胯前。

口诀：下蹲，双臂内旋，微左转，双拳拉开。

定式要求：身体向左前方22.5°，左拳于左膝前方，左手腕贴膝盖，右拳于右膝内侧前上方；双拳心相合。

11. 退步跨虎

口诀：蹬右腿，左拳微外旋向左膝正左方冲拳、右拳内旋，微右转，下沉双拳前伸。

定式要求：身体向正前方；双拳处于同一平面与肩同高；左拳面向左；右拳面向右。

口诀：下沉，摆左脚尖，左转；带右腿上步，右拳随上步划弧合于左拳下方。

定式要求：身体方向与脚尖方向保持一致；脚尖向正前方；双手腕相交；双小臂斜向上45°，拳心向内略高于肩。

口诀：下沉，双拳里合，含胸内旋外翻变掌。

定式要求：双手掌心向外斜向下于胸前中线；左手指尖向右下45°；右手指尖向左下45°。

口诀：双掌向前击出。
定式要求：双手掌心向外。

口诀：下沉带双手下落，内旋上提至胸前，外旋、翻掌上穿至面部前方，提右膝右转90°。
定式要求：身体正前方；左脚正前方；右脚放松；双手腕相交合于额前，指尖向上。

口诀：震脚，双手下落。
定式要求：重心在中间；双脚与肩同宽，平行；右手贴肚脐，双手指尖斜向上。

12. 金刚捣碓

口诀：收腹下沉，含胸，双臂内旋向两侧打开。
定式要求：双手掌心向后，双手臂斜向下45°。

口诀：身体前倾，双手内旋，向前划弧、提右脚向后撤步，双手掌背相对。
定式要求：身体与左脚尖成45°；双手掌背相对于左膝内侧，间距10 cm；右脚尖与左脚尖成45°。

口诀：下沉，摆右脚尖，右转，移重心到右腿，勾左脚尖，左手外旋双手向右划弧。
定式要求：身体与右脚尖方向保持一致，重心在右腿，双脚尖外摆45°；右手于右膝内侧上方，掌心右前方，与肩同高；左手位于右大腿中间内侧上方，掌心斜向下45°。

第 4 章　太极拳五式、八式、十三式教学

口诀：微左转，带左手内旋到左膝上方，身体回正。

定式要求：身体与脚尖成45°，左手掌根贴左膝内侧；左手掌心斜向下，指尖与左脚尖方向保持一致；右手空间位置保持不变。

口诀：下沉，左手内旋、右手外旋前推翻掌向下。

定式要求：身体与右脚尖成22.5°；双手指尖与右大腿方向保持一致，右手位于右大腿外侧；左手位于身体中线；双手掌心向下。

口诀：下沉，右小臂里收，左小臂上抬。

定式要求：身体与脚尖成45°，右手掌心向前，指尖向左；左手位于左膝内侧上方与左大腿方向保持一致。

口诀：下沉，右转带双手向右，右手外推身体回正。

定式要求：身体与脚尖成45°，右掌心向外在右膝内侧上方；左掌心向上，位于体前中线。

口诀：上下对开，左小臂上抬。

定式要求：身体正前方与右脚尖成45°；左小臂斜向上45°。

口诀：右转，左手内旋，右手向后抽。

定式要求：身体与右脚尖方向保持一致；右手位于右大腿外侧与肘、肩平齐，右小臂与指尖正前方；左手掌斜向上45°，指尖右前45°；肘沉于身体中线。

137

口诀：下沉，左手内旋，右手外旋前推翻掌向上。
定式要求：身体与右脚尖成22.5度；双手指尖与右大腿方向一致，右手于右大腿外侧；左手于身体中线；双手掌心向下。

口诀：下沉，带双手下按。
定式要求：身体与右脚尖成22.5°；右手指尖与右大腿方向保持一致，位于右膝上方；左手指尖向右贴右大腿内侧，拇指位于大腿中间。

口诀：右转，重心移到左腿，左转身体回正放松下沉，翻右掌。
定式要求：身体向正前与左脚尖成45°；左肘关节成90°，左小臂与身体成90°与地面平行，掌心向下，掌指关节微曲，指尖斜下，左大臂贴身体，右手掌心向上于右大腿上。

口诀：收腹下沉，含胸双肘打开。
定式要求：身体向正前与左脚尖成45°；右手小指背贴大腿，指尖向前；左手掌心向下，指尖向右前45°，不超过身体中线。

口诀：双手向两侧打开
定式要求：身体向正前与左脚尖成45°；左手掌心平向下，指尖左前45°于左脚前上方；右手位于右大腿外侧，掌心向上，指尖向右前方45°。

口诀：后背放松，双手继续向两侧打开。
定式要求：身体向左前与左脚尖成22.5°；左掌心向下，指尖与左大腿方向保持一致；右掌心向上，指尖正右方。

第4章
太极拳五式、八式、十三式教学

口诀：下沉，左转，摆左脚尖，左手内收，右手内旋下落于右大腿外侧。

定式要求：左脚尖向左；身体与左脚尖成45°，左手指尖与左脚尖成45°，位于左脚前上方；右手掌心与左脚尖方向保持一致于右大腿外侧。

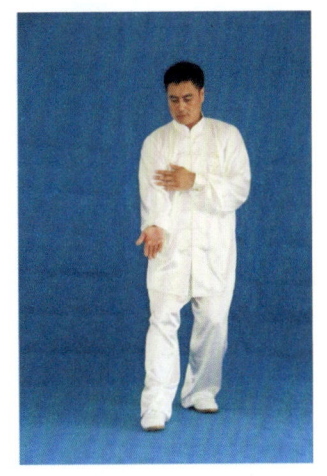

口诀：提右腿上步，带右手向前，左手合于右大臂下方。

定式要求：左脚尖向正前方；身体与左脚尖方向保持一致；右手臂斜向下45°于右脚上方；左手指贴于右大臂下方，指尖向右。

口诀：下沉，右小臂向上抬至斜向上45°。

定式要求：身体正前方与左脚尖方向保持一致；右小臂斜向上45°。

口诀：微前倾左手贴身翻掌，右手微里合。

定式要求：身体正前方与左脚尖方向保持一致；右小臂垂直于地面，左手掌心向上，手指贴右手肘关节。

口诀：下沉，双手放松下落，收右脚。

定式要求：身体向正前方；右手掌背贴于右膝，指尖与膝平齐；左手掌心平向上于腹前。

口诀：提右膝，右掌变拳上提。

定式要求：身体与左脚尖向左成22.5°；右肘与右膝合，右拳背与左脚尖方向保持一致；右脚自然下垂；左手位置保持不变。

口诀：震脚砸拳。
定式要求：双脚平行与肩同宽；身体正前方与左脚尖方向保持一致；右拳背贴左掌心，拳心掌心向上。

13. 收势

口诀：人下沉，双手向身体两侧拉开，掌心相对。

口诀：人起来，双手向两侧拉至肩平，掌心向下。

口诀：人下沉，双手翻掌心向上，划弧至头顶，掌心相对。

第 4 章
太极拳五式、八式、十三式教学

口诀：继续下沉，松肩，松肘，开胸，两肘向两侧打开。
定式要求：双手指尖相对于胸前。

口诀：继续下沉带双手下按，人起来，双手继续向下按至腹前。

口诀：收腹，下沉，双手下落至掌心向里，胸腔膨胀，双手向两侧拉开。

口诀：重心移到右腿，下沉，含胸，双手向前划弧，收左脚，放松，两手慢慢收拢至小腹部。

口诀：人慢慢站起来，双手自然回于身体两侧放松。

4.2 太极拳五式、八式、十三式技术要求

4.2.1 拳架要求

在刚开始学习五式、八式时，要注意熟练套路，明确定式。主要侧重于套路的熟练，方位的正确，并适当注意姿势的规范。经过一段时间的练习，套路已达到熟练的地步，那么就必须侧重于姿势的正确。

另外，需注意身法。对初学者，身法上只要求头部自然端正，立身中正即可；从步法上，能理解虚步、出步、收步，知道方位即可。至于不可避免出现的毛病，例如挑肩架肘、横气填胸、呼吸发喘、手足颤抖等，在此阶段不宜纠正，但必须加以说明。

拳式套路的运行方位、角度及顺序必须绝对正确，包括手和脚的位置、方向、角度都必须绝对准确，动作姿势上向柔、顺的方面努力。一段时间后即可熟练套路，再进一步考虑动作要求，从脚到头，一招一式地纠正。在动作速度上尽量放慢，以利于揣摩思考动作的正确与否。

练习十三式之后，要开始注意调整身法、周身放松。所谓"身法"是指练拳时对周身各部位的要求。这个要求，是在周身放松的前提下方能做到的。所以此阶段的练习，应着重放在放松上。为了使骨关节松开，伸劲拔骨，就要有意识地去做一些动作，比如要领里面的上下对开、手掌外撑等都非常重要。

这时在身法上要以立身中正为根本。立身中正，一是指躯干四肢及头的位置中正，即身体不偏不倚；二是指身体在有意歪斜的情况下，保持着力学负重点的相对平衡。

在练拳时需保持立身中正，不偏不倚，在胯关节放松的情况下，屈膝、圆裆（内撑外包）、肩关节自然下沉。此外，还须注意手一定要领起，不可软散无力。

4.2.2 规定动作要求

1. 定式要求

（1）脚尖的角度。

（2）身体的角度。

（3）手掌指尖的方向。

（4）重心。

（5）膝盖的方向。

（6）眼睛的方向。

2. 运行线路要求

在运行线路当中能够按照口诀的先后顺序完成。

4.2.3 推手要求

太极推手是用来检验太极拳架是否准确的一种训练方法，是进阶太极散手的一个过程。

首先，要具备根劲。

拳架中定式动作必须符合中医的经络学说和骨骼的最佳受力原则，才能将对方的力传到足底并承受住对方的力。从力学的角度看，符合力学原理，人体外形和内在相互配合，才能达到稳固的结构。当人体获得了这种稳定结构，才能变成力的传导体。

作用在身体上的力，可以通过这种稳定的结构，将力传导到脚上。从脚上获得的反作用力，也可以通过这个途径，作用于对方身上。

其次，要做到不丢不顶。

学员在练习的过程中，要让对方在使不出力的情况下完成动作。如果故意放松而被对方推出去，叫作"丢"；如果用力去抵抗对方的力，叫作"顶"。检验动作是一种训练"不丢不顶"的方法。让对方推着你做动作其实是一种简化的太极推手方法，也是一种检验拳架动作准确与否的方式。

古语说："打拳时无人当有人，推手时有人当无人。"意思是说在练拳过程中感觉有人在推着，但其实光靠想象是没有用的。学太极拳一定要先明理，为什么要这样做动作。而且一定要检验，把每个动作拆开，让人推着把拳架动作给做出来，在过程中不能和对方顶，也不能被推出去。但如果动作没有吻合人体骨骼的最佳受力状态，就很容易会被对方推出去；如果在拳架中没有完美的运动曲线、没有节节贯申、没有虚实变化，那就不可能让推的人在使不出力的情况下把动作做出来。当真能够推着用完美的线路，不断虚实变化的技术，让推的人在使不出力的情况下完成拳架线路，那就表明这个动作做对了。当一套拳都通过了这样的检验，就会对这套拳为什么要这样做动作、怎样练准确的拳，有一个清晰的认识。再练拳还要想象着有人推着，用已经明确的方法去练拳，这就是"练拳时无人当有人"的过程。因为在检验和练拳时，一定是让推的人使不出力的，然后不断地去练通过检验的拳架，直至把碰上力就让人使不出力的动作变成条件反射。到后面碰上力的第一反应就是让对方使不出力，只有这样才能做到"推手时有人当无人"。如果拳架不明理，不通过检验，就算练的时间再长，碰上力还是在顶。

4.2.4 定步单推手的要点

太极拳推手是检验太极拳套路及身法正确与否的一个重要过程，是双方知己功夫和知彼功夫的一种练习手段。定步单推手是一种常用的、基础的推手训练方法，其要点如下：

1. 甲乙双方面对面，两脚并拢，自然站立，两人分别握拳，平抬于胸前，四拳相抵，目光平视对方。

2. 两人双手均放在腰胯旁，五指向前，掌心向下，目视对方。

3. 两人左脚跟同时拧地，脚尖外摆45°，身体重心移于左腿。双方同时面对面出右腿，脚跟先着地，脚尖翘起。两人左手同时上抬，手背接手背，双手手腕紧紧黏住，左手五指向前，掌心下按，以辅助撑劲，目光注视对方眼神或咽喉处。

4. 当甲方向乙方用劲时，乙方顺势，腰眼内收，同时指尖方向不变，收于身体中线偏右方。甲方后腿蹬，前脚弓，重心前移，乙方前腿直，后腿曲，重心后移，以腰胯的抽转使身体中线避开对方来劲。

5. 乙方化掉甲方来劲后，后腿蹬地，前脚弓，重心前移，以周身的劲力再向甲方身体中线进攻。甲方接引对方来劲并化解其锋芒，身体重心后坐，右腰眼向后旋转，把对方劲力向右引偏，手指指尖对准对方，避开身体的中心线，目光注视对方。

6. 双方可以反复运行动作。初学时可采用"1234教学法"确定动作位置，相互摸清对方的虚实转化，寻找对方的中线及中心点。结束时慢慢收势，掌心向下，五指向前如同起势状态，调心、调意、调气，体悟各个动作的准确性与推手效果的不同。此套推手方法需要长期不断地练习，既有养生健身的功效，又能达到防身技击的作用。

4.3 太极拳五式、八式、十三式教学要求

太极拳初级阶段要注意"准确定式"和"节节贯穿"的教学要求。

在学习五式和八式的过程中，重点是定式动作的准确性。

准确定式教学要求：反复对着镜子纠动作，这样才会发现自己动作的问题所在。

1. 手脚和重心的位置，身体的方向和角度。

2. 以拳悟道，把道的文化融入教学。做人就像照镜子，只有在镜子当中，才能发现自己的缺点，改正自己的缺点。

从十三式开始，更多地融入了"节节贯穿"的动作。

"节节贯穿"建立在"准确定式"的基础上,产生根劲是进入节节贯穿阶段的前提,没有准确的定式,无法产生根劲,所有的动作是靠机体的消耗做出来的。

"节节贯穿"运动一定是要在学员身体贯通、产生明显根劲以后方可练习的。在教学上,没有做到准确定式时,不建议习练"节节贯穿",否则容易产生亏空。

4.3.1 教学中常见问题的解答

依据太极拳六大体系的练习过程,常见问题多出现在练习第一体系时。

1. 练习初期,大腿肌肉会感到异常酸胀

太极拳动作的特性是要吻合人体骨骼最佳受力状态。刚接触太极拳的学员,因动作的调整,使其身体骨骼趋向于最佳受力结构,平时锻炼不到的或用不到的腿部肌肉受力会增加,自然会产生酸胀感。太极拳的练习初期,可以快速增加腿部力量,给身体的运动增加了原动力。

解决方法就是坚持每天练习,一般三个月左右,肌肉酸胀感就会有明显改善。

2. 动作一直记不住(协调不起来)

太极拳运动本身就需要大脑和身体的统一协调运作,这样可以帮助练习者锻炼大脑和身体的协调反应。动作记不住或协调不起来,其实是大脑和身体没有完全达到协调统一。此时切忌急躁情绪,要多鼓励学员,增加信心,同时教练员也要加强复杂套路动作的教学,并要求学员坚持练习。

3. 无法按要求做到放松

在练习初期出现身体无法放松,主要原因是腿部力量不足。由于腿力不足,上身自然绷紧借力,也就做不到放松。而此阶段出现的架肩架肘、身体前倾、横气填胸等也均是由于腿力不足产生的。只要不断练习,加上教练员的纠正,随着学员腿部力量的逐步加强,自然就能放松了。

4. 对简单套路没有耐心,要求学习更加复杂的套路

如果学员强烈要求,也可以进行复杂套路的教学。无论练习简单套路还是复杂套路,本质都是在练习太极拳,都能产生太极拳的效果,达到养生的目的,但前提是要动作准确。从简单套路练起,更利于循序渐进地理解动作,符合事物的发展规律和生理的变化规律。如果只是一味追求学习更多的动作套路,而忽视了准确性,那就失去了学习的意义。因此,建议从简单套路开始,循序渐进地练习,从而达到最佳的学习效果。

5. 动作无法做到流畅美观

太极拳拳架的本质是身体各部位形成特定的协调动作,练习过程中需要掌握其特定的运动规律。口诀就是把吻合太极拳运动特点的运行线路语言化,有助于形成良好的运动记忆。在练习初期,学员会感到自己的动作比较生硬,衔接不够流畅。只要不断地练习,将这些本能以外的动作变成自己的本能反应,自然能十分流畅地表现出来。因此,学员在心态上仍需不急不躁,在教练员指导下按要求完成动作,一段时间后动作就能做到漂亮、流畅。

6. 节节贯串、虚实变化、以意导气等在教学中的体现

太极拳动作的确会有节节贯串、虚实变化、以意导气等,但是这些都是结果,练习初期不能把结果当过程来练习。以以意导气为例,人体就像一个蓄电池,一开始就以意导气的话,是在不断地消耗电池中的电,电用完了,人的身体也就垮了;而正确的方法是,先通过前期准确拳架的练习,不断地给电池充电,电量足了,再做以意导气,就不存在消耗的问题。而教练员教授的口诀本身就是在做简单的节节贯串、虚实变化、以意导气等动作。如口诀"人下沉,松肩,松肘,到手"就是一个简单的以意导气,只是通过动作的形式表达出来。同时,所有的口诀都有一个先后顺序,有节节贯串、虚实变化的要素,通过不断地练习,自然能达到太极拳理论中所提到的境界。

7. 口诀记不住、背不会

口诀一定不是靠死记硬背的,而要通过动作去理解。当动作熟练到一定程度,变成了自身的本能反应,口诀也就已经融入了动作当中。因此,花时间背口诀远远不如花同样的时间按要求多练习。

8. 拳架高低的标准

太极拳拳架的高低与学员自身条件有关,并没要求一定要到哪个位置,根据年龄、身体条件的不同,对拳架高低的要求也不一样。但太极拳是需要一定的下沉来完成动作的,只有不断地给予腿部压力,才有养生的效果;同时在练习过程中要能尽量往下沉,即使下沉 1 cm,也会多一分效果,这个过程同时也是锻炼学员意志力和心性的过程。因此,学员的拳架没有严格的高低要求,只要依据自身情况努力去做就可以。

9. 下沉有限度

口诀中的下沉并不是所有的都真的往下沉,否则就不符合人体的生理特点了。如"下沉,左转,移重心",实际动作中身体是走一个弧形,下沉时人下去,移重心时回到原来的高度,还有的下沉动作可能就只是一个后背下沉、肩下沉等,但这些都是在后面阶段练习的。刚开始,则要注重口诀中下沉的练习,同时也是增加腿力和伸筋拔骨的阶段。通过坚持练习,就能在掌握这些规律的同时把身体的下沉幅度锻炼出来。

4.3.2　纠正学员拳架中定式动作的不足

在传统的太极拳传授中普遍用的是老师父"捏架子"，此法不仅效率低而且对于老师的教学水平也有很高的要求，并不适用于现代社会的推广普及。而在标准化的教学体系下，每一个动作都有明确的标准，如手脚和重心的位置，身体的方向和角度。在纠正学员拳架时，按照这些标准去纠，就能使学员逐渐掌握动作的要领。

一般，学员在初期定式练习时除了动作的要求外，还需注意：

1. 脚尖的方向。
2. 膝盖打开对准脚尖。
3. 明确重心的位置。
4. 身体方向到位。
5. 手的位置。
6. 在一定阶段时架肩、挺胸、身体前倾等现象的纠正。

本章测试题

简答题

1. 简述定式的重要性和作用。
2. 简述口诀的重要性和作用。
3. 简述太极拳教学过程中的注意事项。

第 5 章

太极拳文化交流

5.1　太极拳推广体验活动

5.2　推广体验活动中的太极拳表演

本章提要

为了更好地推广和传播太极拳，太极拳教练员需要牢固掌握太极拳推广交流艺术和太极拳表演技巧。本章介绍了太极拳推广活动的概述、流程、规范和讲解技巧，以及太极拳表演活动的概述、构成要素和表演技巧。

5.1 太极拳推广体验活动

5.1.1 太极拳推广体验活动概述

太极拳的体验，是通过特定的太极拳动作，让被体验者亲身感受到真正太极拳的神奇魅力，从而留下深刻印象的过程。

1. **体验的分类**

太极拳体验，一般分为个人体验和集体体验两种。

2. **体验的目的及意义**

（1）了解真正太极拳必须具备的三大要素：

1）太极的阴阳文化和理念。

2）中医的经络学说和骨骼最佳受力点原则。

3）武术的精髓、技击的含义。

（2）了解准确的动作对于学习太极拳的重要意义。

（3）通过简单的教学演示和讲解，让大家了解太极拳的标准化教学体系及其重要意义。

（4）让学员感到学习起来比较容易，能够学明白。

（5）提高学员学拳的兴趣，强化学拳的信心。

5.1.2 太极拳推广体验活动的流程和规范

体验活动需要有明确的流程和严格的规范，才能确保体验环节的标准化，保证体验活动的质量。

1. 个人体验流程与规范

（1）自我介绍。自我介绍是日常工作中与陌生人建立关系、打开局面的一种非常重要的手段。太极拳体验活动前的自我介绍，可以拉近教练员与学员的心理距离，营造轻松愉快的氛围，从而确保体验活动的顺利开展。

自我介绍的内容要简短精练，包含主要的信息，同时语气要诚恳有感染力。一个简短有效的自我介绍，内容应包含姓名、职业、部门、活动内容等，例如：

各位学员大家好，我是来自×××的太极拳教练员×××，很高兴能给大家上这堂体验课，希望大家跟着我的节奏一起来感受太极拳的神奇魅力！

大家好，我的名字叫×××，很高兴能成为大家的太极拳老师，希望大家在以后的学习中积极提出建议，共同提高。我有信心通过我们共同的努力，让大家获得健康和快乐，谢谢！

（2）告知体验目的。通过本次体验活动，让学员理解什么是真正的太极拳、通过特定的动作能够让身体内部产生怎样的变化，从而切身感受到太极拳强大的养生功效。

（3）体验抱拳礼。抱拳礼，是习武之人惯用的打招呼的方式。将抱拳礼作为体验活动的开始，可以让学员迅速进入学习太极拳的状态当中。

1）抱拳礼的动作标准：右手握拳，代表五湖，左手拇指弯曲，代表四海，合在一起就是五湖四海皆兄弟。这个动作的要求是双脚并拢，右手握拳，拇指扣在中指和食指的第二关节处；左手立掌，掌心贴右拳拳面，拇指弯曲；双手向外撑开，右手拳眼向斜下45°（见图5—1）。

2）理解检验：太极拳的每一个动作都要有准确性，都是可以检验的。检验就是给身体加一个横向的外力，感受这个力是否可以传递到脚。

3）检验：通过左手拇指的张开与弯曲，分别感受力是否能够传到脚底。

4）文化解说：中国文化里拇指代表自己，拇指跷起代表自大。当拇指跷起的时候，气会上浮；拇指弯曲代表谦虚，气能下沉。我们常说以拳悟道，从抱拳礼上就可以悟到一个道理：做人要谦虚不要骄傲。这也说明了太极文化和我们的生活息息相关。

（4）体验起势。起势是练习太极拳套路之前的准备工作。通过体验起势，让学员感受到太极拳动作中包含的阴阳之理、准确性的重要性以及迅速出汗的神奇效果。

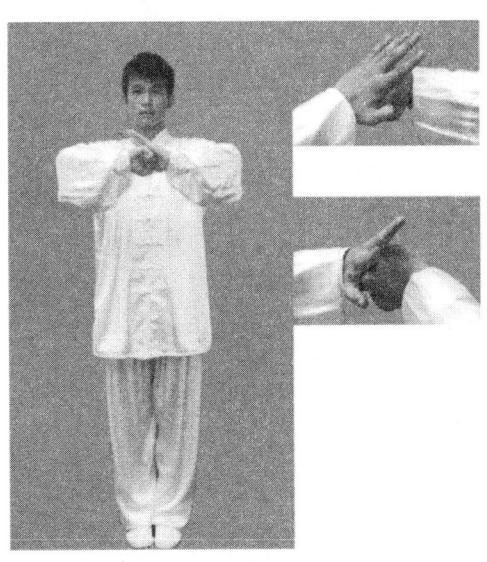

图 5—1 抱拳礼

首先,用"1234 教学法"让学员学会起势的动作,经过两三遍的练习之后,学员会明显感到腿部肌肉酸疼。这时,告诉学员"人老先老腿"的道理,明确太极拳腿部力量的练习对延缓衰老的重要性。

接下来,教学员如何辨别太极拳的真伪。即要把太极的阴阳之理融入拳的每个招式,通过检验,让学员感受到明显差别。具体流程如下。

1)重心在右脚,提左脚向左横开一步,不移重心(见图 5—2)。

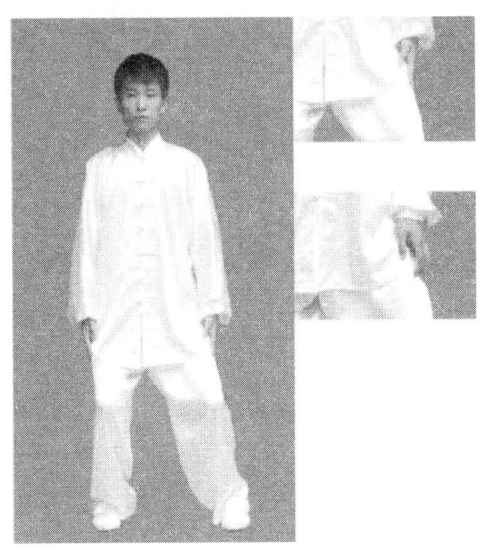

图 5—2 阴阳之理

检验点：推左肩。

检验方法：左手手指放松（动作错误），加力（力推上去人容易倒）；左手手掌张开，中指贴裤子侧面中缝（加力体会与右脚贯通）。

原理：太极拳就是要把太极的阴阳之理融入拳的每一个动作里。从太极图上看，太极讲究阴阳平衡，讲究阴中有阳，阴中有阴，现在重心在右腿，右腿为实、为阳，左腿为虚、为阴。如果左手放松，上面为虚下面也为虚，双虚就是丢，但是只要左手带力打开就变成阴中有阳的阳点，所以人能完整一气。如果开步手没打开贴大腿，就表明练习的人不懂太极，要有阴阳才叫太极。

2）重心到中间（见图5—3）。

图5—3 两脚平行

检验点：左肩或右肩。

检验方法：重心移到中间之后加力检验，让对方感觉这个力传不到脚底（动作不准确）；调整学员两脚与肩同宽，脚尖平行向前，再次检验，这时力可以传到脚底。

原理：当动作做到两脚平行与肩同宽时，也就是吻合了中医经络骨骼学说。力往脚底传，这说明身体是贯通状态。所以从养生的角度来讲，当动作都吻合骨骼最佳受力状态，就能疏通经络，经络畅通了气血才能运行旺盛，气血运行旺盛了能濡养五脏六腑，使之平衡，身体才会健康。所以这个两脚平行与肩同宽是非常重要的。

（5）学习起势。经过刚才几个动作的检验，可以让学员明白，在学习太极拳的过程中，准确性真的很重要，也学会了怎样辨别太极拳老师的水平。接下来要让学员感受"1234教学法"，详细讲解起势动作每个定式的要求，明确动作运行的线路。

在起势教学的过程中，要让学员明白准确性在太极拳养生和技击中的基础性作用，形成严格按照标准来做动作的意识。让学员感受到在"1234教学法"下，太极拳变得简单易学，而且有了判定太极拳动作是否正确的标准，不仅可以检查自己的动作是否标准，也可以对别人的太极拳动作正确与否作出判断。

（6）填写体验反馈表。评估体验效果，针对学员的学习情况答疑解惑。对于有意愿学习者，可以将其介绍到客服处进行详细的交流。

2. 集体体验流程与规范

（1）集体体验流程。预约学员体验—学员到体验活动现场—更衣（着太极拳服）—教练员讲解太极拳及相关养生知识—体验太极拳起势—观看太极拳表演—结束。

（2）注意事项

1）集体体验活动负责人需要提前20分钟到达活动现场，熟悉场地，试用话筒、音响等设备。如果遇到器材方面的问题，应及时请求场地技术人员帮助解决。

2）体验流程需事先计划、安排有序，确保体验活动顺利展开。

3）体验活动中，教练员要分工明确，按计划完成自己负责的工作。

4）担任体验任务的教练员，须注意自己的一言一行，随时关注自己的仪容仪表。不在别人面前随意躺卧，抽烟，讲粗话。

（3）体验流程可参考某公司体验流程图（见图5—4）。

3. 体验活动中的讲解技巧

体验活动中，太极拳教练员的交流讲解是整个体验环节的重心。教练员讲解的质量直接关系到整场体验的效果。在交流讲解中主要需要注意以下方面：

（1）抓住重点。体验课的讲解主要围绕什么是真正的太极拳以及太极拳如何养生两个主线进行，讲解中需结合课件，抓住讲解的重点，旁征博引，与学员产生共鸣。

（2）层层递进。讲解从浅入深，用最简单的语言与学员交流讲解，尽量避免过多地使用太极拳术语。要让学员先对太极拳有一个宏观的认识，然后引入太极拳的阴阳之理，经络骨骼的关系，最后再具体到套路动作上，强调准确性在太极拳练习过程中的重要性。

（3）知行合一。在体验过程中，讲清要点，语言与动作相互配合，通过教练员自身的演示，把太极拳的经典理论体现出来。这样，整个体验活动才能具有良好的说服力。

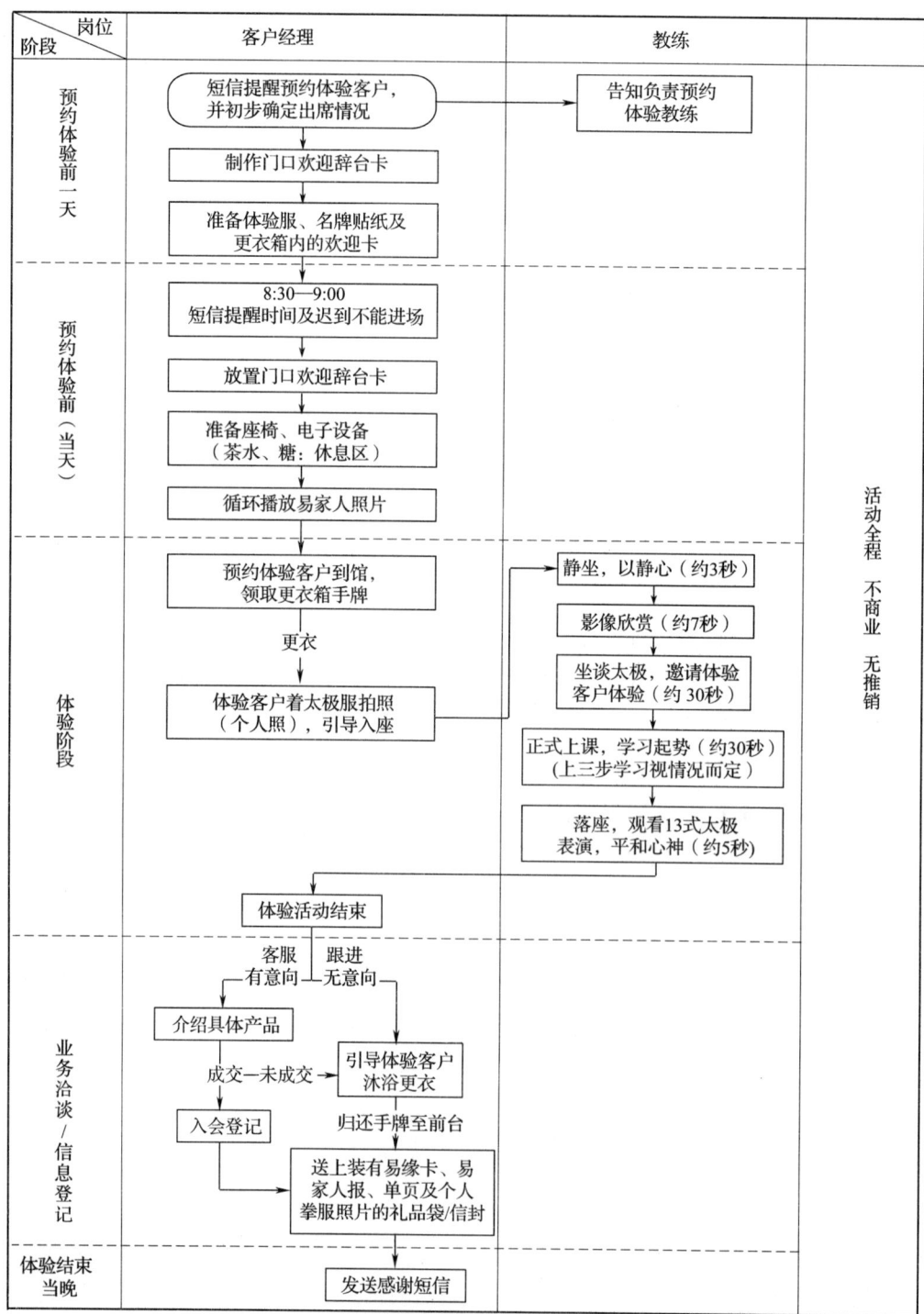

图5—4 体验活动流程图

（4）语言流畅。流畅的语言，要求教练员必须对讲解的课件非常熟悉，响亮的声音，抑扬顿挫的表达，放松心态，自信的微笑，使用适当的手势都是讲解中必不可少的。

除此之外，在体验的过程中有可能遇到一些突发情况，如：

不配合者

一般来参加体验活动的学员，都有很大的兴趣学习太极拳，大多数会比较配合。但在实际体验活动中，时常会有个别态度消极、不配合的学员。教练员必须用一个平和的心态去解决问题，不能急躁。

首先，要判断对方是出于什么原因不配合，再区别对待。如果是对于太极拳的理念持怀疑态度的听众，可以先不进入实际体验环节，而是进行简短沟通，争取让对方从思想上接受；如果是在体验过程中因情绪消极而不配合的，可以先争取让小组里的其他学员能够获得成功的体验感受，用现场的气氛来带动和影响他的情绪；如果是不喜欢被别人接触身体的学员，教练员在体验过程中进行必要的身体接触的时候，需要尽可能谨慎小心。特别是对于女性学员，要做到有礼节，并要事先征求对方意见。

故意捣乱者

有少部分参加体验的学员，出于各种心理，或怀疑、或试探、或为哗众取宠，故意不配合，或者不按照教练的指导，做错误的动作进行试探，甚至直接提出要与教练员交手。这时，教练员需要镇定和忍耐，不要与之正面冲突，应先照顾小组内的大多数学员。如果对方仍不作罢，则要请其在集体体验活动结束后，再单独进行交流。切忌在现场和对方发生冲突，亦不能擅自和对方搭手。

刁钻提问者

在一些情况下，当学员体验感受引起个别学员的浓厚兴趣时，会不顾集体体验活动正在进行，迫不及待、喋喋不休地和教练进行关于太极拳其他问题的交流。这时，教练员应保持良好的态度，请他先把问题保留下来，在集体体验活动完成后，再与他交流，以免影响正常的上课秩序。

5.2 推广体验活动中的太极拳表演

5.2.1 太极拳表演概述

太极拳是一项运动，也是一门艺术，是一种艺术价值的体现。太极拳表演与太极拳的发展关系密切，通过太极拳表演，可以充分展示太极拳的魅力和内涵。

太极拳表演，是以人为载体，通过动作套路的编排组合，音乐的配合，用阵法队形的变化，完美地把太极拳的内涵和思想呈现给观众。太极拳表演是太极拳传播的中介，也是太极拳活动比赛中不可缺少的环节。太极拳练习者对表现能力的追求推动了太极拳表演的进步，太极拳竞技运动的发展也丰富了表现的手段。通过自己的艺术实践，练习者对太极拳做出不同的诠释，从而给观众不同的视觉享受和感染力。对于观众来说，太极拳表演不但是欣赏、感悟太极拳魅力与风格的必要手段，也可以从不同的太极拳表演中欣赏、鉴别、认识太极拳真正的内涵。通过不同的动作风格和表现技巧的诠释，在促进观众对太极拳的欣赏和理解的同时，也可以从观众的反应中检验作品的社会效果。

5.2.2 太极拳表演的构成要素

太极拳表演，不但要具备欣赏价值，更要体现出太极拳的内涵。一场成功的表演，不仅可以加深观众对太极拳的认识和理解，更可以起到宣传和推广的效果。组织一场太极拳的表演，应具备以下要素：

1. 演职人员

演职人员的选择非常重要，演职人员应熟练整套的太极拳表演动作，理解太极拳的内涵，能够在技术上体现出太极拳的运动特点，演出时也一定要有精气神，气场强大有感染力。这样，表演才能深入人心。

2. 套路编排

套路编排注重的是动作的组合、运行线路的衔接、整齐度以及整套时间的控制。在动作的组合和套路的衔接上，不能一味地追求华丽美观，更重要的是在套路里面要能体现太极的阴阳开合、节节贯穿以及太极的思想价值。

3. 音乐配置

音乐是表演中必不可少的元素。太极拳表演者需要有很好的音乐节奏感，能完全配合音乐节拍起落，一个动作或者一个套路的结束也是一个节拍或者一个节奏的结束。这样，套路动作和音乐节奏才能吻合，从而营造一种和谐流畅、轻松优美的艺术氛围和意境。

4. 彩排走台

节目编排完毕后，在正式演出之前，需要事先到场地走台。走台的目的是熟悉场地大小、地面条件、灯光音响效果，从而对表演时的人员数量、队形、站位以及上下场的方式做出相应的调整和布置。彩排走台，可以让参演人员减少心理紧张，相互之间配合得更加默契，同时也可以在彩排中发现节目的不足，及时做出改进。

5.2.3 太极拳表演的技巧

太极拳表演的技巧，是太极拳表演基本方法的灵活运用。在推广体验活动中，太极拳表演有时候也需要借助一定的技巧，才能充分体现太极拳内涵和思想，与观众产生共鸣。太极拳表演的技巧，主要有以下几个方面：

1. 明确主题

表演前首先应明确演出的目的，是宣传太极拳养生，还是显示太极拳技艺；是弘扬民族精神，还是展现传统文化等。从形式上到内容上，表演者应有一个概念上的主题。

2. 编排程序

团体太极拳表演的队形设计安排，应以突出太极拳内涵、特点、风格为前提，以具体的动作变化为基础，通过动作内容和表演人数的不同，来形成变化多端、各具特色的表演效果。太极拳表演项目的选用可以多样化，但必须重点突出、主副兼顾，转换自然、流畅。各项表演的时间分配合理，计算精确，程序严谨。

3. 选配音乐

太极拳是我国民族传统运动，一般多采用节奏轻柔、优雅、舒缓的民族音乐作为伴奏。在音乐选配上，主要有3种思路：（1）先创编好要演出的动作套路，再根据动作的节奏，来选配相应的音乐；（2）先确定好一首合适的音乐，然后根据音乐节拍创编套路动作；（3）边设计动作边配制音乐。无论哪一种，都要使动作与音乐融为一体，相互烘托。

4. 有序排练

为保证太极拳表演的排练工作有条不紊地进行，应根据日期、时间、任务制出排练进度表，以确保排练任务按计划、按时间、按要求完成。此时要求每个表演者都能准确、熟练地掌握动作，并不断提高质量和演练技巧，同时加强彼此之间的协调配合。

5. 演绎内涵

古人云，人有三宝精气神，精气神是人体活动的根本。人的生命起源是"精"，维持生命的动力是"气"，而生命的体现就是"神"的活动。因此，在传统武术太极拳表演中，必须透过眼神以及整体的形象给人安静、祥和又不失积极的精气神。包括在上场、下场的行走中也必须注意整体的自然。太极拳是内家拳，必须具备内家拳的内涵，在表演中需要表现出动静结合，节节贯穿等太极拳的特点，整场表演过程中，需要结合背景音乐控制节奏和速度。

本章测试题

一、判断题（请将判断结果填在题后的括号中，正确的填"√"，错误的填"×"）

1. 自我介绍，宜简短精练，同时语气要诚恳有感染力。　　　　　　（　　）
2. 讲解时要多使用太极拳术语，体现专业性。　　　　　　　　　　（　　）
3. 套路编排时不能一味地追求华丽美观，更重要的是要在套路里面也能体现太极的阴阳开合以及它的思想价值。　　　　　　　　　　　　　　　　　（　　）
4. 太极拳是一种传统拳术，表演的配乐一般多采用民族音乐，注重节奏的轻柔、优雅、舒缓。　　　　　　　　　　　　　　　　　　　　　　　　（　　）

二、单项选择题（选择一个正确的答案，将相应的字母填入题内的括号中）

1. 以下选项中关于自我介绍的阐述正确的是_____。
   A. 如果时间允许自我介绍应尽量详尽
   B. 自我介绍是突出受众的一个重要手段
   C. 自我介绍可以随意一点，体验课上的好才是关键
   D. 自我介绍宜简短精练

2. 对太极拳体验的认识，不正确的是_____。
   A. 让体验者感受到太极拳是有难度的
   B. 通过准确性的动作，让被体验者感受到真正太极拳"差一厘米都不行"的神奇魅力
   C. 提高大家学拳的兴趣，强化学拳的信心的一个过程
   D. 一般分为个人体验和集体体验两种

3. 体验活动中教练员讲解的质量直接关系到整场体验的效果，在交流讲解中要着重注意哪些方面_____（①抓住重点；②层层递进；③知行合一；④语言流畅）。
   A. ①②③　　　　　　　　　　B. ①②④
   C. ②③④　　　　　　　　　　D. ①②③④

4. 对于太极拳表演的意义，以下说法正确的是_____。
   A. 充分展示太极拳的魅力和内涵
   B. 太极拳表演是太极拳传播的中介
   C. 通过套路编排、动作的组合和运行线路的衔接来提升功力
   D. 是欣赏、感悟太极拳魅力与风格的必要手段

三、简答题
1. 简述太极拳体验活动的意义和目的。
2. 简述集体体验课的流程与注意事项。
3. 简述太极拳表演的意义
4. 太极拳表演技巧的运用主要有哪些方面？

第 6 章

相关法律法规

6.1 体育法制

6.2 社会体育指导员职业资格证书制度和政策法规体系

本章提要

　　作为一名太极拳教练员，必须了解、掌握一些相关的社会体育法规知识。本章介绍了体育法规的含义、加强体育法制的意义、我国社会体育法制建设的情况和主要内容，还介绍了社会体育指导员职业资格证书制度以及政策法规的相关内容。

　　在我国建立社会主义市场经济体制和贯彻依法治国方略的进程中，社会体育事业要全面纳入法制化轨道，实现社会体育指导员工作的规范化、制度化发展，为适应社会体育法制化的要求，太极拳教练员应具备一定的法律素质，熟悉和掌握社会体育法制的有关知识。

6.1 体育法制

6.1.1 体育法制的含义与加强体育法制的意义

1. 体育法制的含义

体育法制是由国家制定或认可并依靠国家强制力保证实施的体育法规和制度,以及通过立法、执法、守法和实施监督而使其向实践转化并形成体育法律秩序的过程和状态。

在现代社会中,随着民主与法制的发展,体育成为独立的社会事业,国家逐渐加强对体育事务的法制管理,出现了专门化的体育法制。一方面,国家要创制出调整各方面体育关系的行为准则即体育法规,并通过立法建立起持续的、规范化的体育工作或活动体系即体育制度;另一方面,又要保证体育法规制度能有效建立与实现以形成体育法律秩序,做到有法可依,执法必严,违法必究。体育法制是现代法制在体育领域中的具体体现,是现代体育发展的必然要求。

2. 加强体育法制的意义

体育法制是现代国家实施体育管理的重要工具,加强体育法制建设表现出多方面的重要意义:现代体育需要确立体育事业在社会发展中的地位,明确体育发展的目标、方针、任务和原则,依靠法制手段调整日趋复杂的体育关系,保障和促进体育事业的发展;社会的不断进步,使体育权利成为现代公民的一项重要社会权利,必须通过体育立法予以确认并严格依法保护并实现;体育事业是全民性的事业,需要依赖体育法制来不断加强与完善。

6.1.2 我国的社会体育法制建设

1. 体育法与我国的社会体育法制建设

（1）《体育法》。《体育法》是指导、规范和保障我国体育事业发展的重要法律，在我国法律体系中占有重要的地位。它作为国家的一项法律，从总体上对我国体育事业发展做出了全面的规范与保障，是我国体育的基本法，是发展我国体育事业、开展体育工作的基本纲领和总章程。

（2）国家对社会体育的法律保护。社会体育作为我国社会主义体育事业的重要组成部分，受到了国家的重视和关怀，其地位得到了明确的法律保证。

1954年颁布的新中国的第一部《宪法》中明确写有"国家特别关怀青年的体力和智力的发展"的条款，使社会体育成为国家关怀发展的一项事业。1982年《宪法》对体育做出了方针性规定："国家发展体育事业，开展群众性的体育活动，增强人民体质"，使社会体育的地位更为突出。宪法的这一根本性规定，一方面在《工会法》《民族区域自治法》《残疾人保障法》《教育法》《未成年人保护法》等大量公共立法或有关部门立法中得到了进一步的贯彻，另一方面又直接通过制定的体育法律法规来具体体现，使我国社会体育的法律地位得到不断的巩固，保证社会体育事业持续健康地向前发展。

（3）《体育法》对社会体育的明确规定。《体育法》对社会体育进行了直接规范，与社会体育直接相关的规定占有较多的比重，不但设立了"社会体育"专章，而且对体育事业整体进行规范的许多内容也都与社会体育有直接的关联。

《体育法》关于社会体育在体育发展全局中地位的规定，最集中地表现在对我国体育工作方针的阐述中——国家发展体育事业，开展群众性的体育活动，提高全民族身体素质。体育工作坚持以开展全民健身活动为基础，实行普及与提高相结合，促进各类体育协调发展。这充分表明社会体育是我国体育事业中具有根本性和基础性地位的重要组成部分。

2. 依法开展和保护社会体育工作

（1）依法开展社会体育指导工作。实行依法治国，就要将一切国家活动和各项社会事务以及人们的各种行为，都纳入依法治理的轨道。在体育领域，就必须坚持依法治体，依法开展社会体育指导工作。社会体育指导工作需要与社会各个方面进行广泛的交往，形成了包括管理、协助、教学、训练、经营、消费等复杂多样的社会体育指导关系。社会体育指导员只有严格依法处理各种社会体育指导事务，调整好相关的各种关系，加强指导工作的规范运作，建立社会体育指导的良好秩序，才能保证体育事业健康顺利发展。

（2）依法保护社会体育各方面主体的合法权益。对合法权益的保护是法的一个重要职能。社会体育指导员在依法开展工作的同时，还必须依照法律法规，有效保护社会体育指导过程中所涉及的各个方面主体的权益。其中，包括作为公共利益代表的国家和社会行使体育管理职权的体育或其他管理机构，需有工作协作的有关组织和单位，社会体育指导员所属的组织或单位、被指导者、其他指导者、有关的服务者以及指导员自身等各种主体的权益。同时，在权益内容上，又可表现为社会效益，这些都需要社会体育指导员在工作中予以注意和保护。另外，在保护方法上，既有对合法行为的确认、鼓励等正面保护，也包括对非法行为的制止、惩处等补救性保护。

（3）努力提高社会体育指导员的法律素质。社会体育指导员是依法开展社会体育指导工作和保护社会体育各相关方面合法权益的具体操作者。能否真正依法进行规范操作，关键取决于社会体育指导员是否具备相应的法律素质。在对社会体育指导员的各方面综合素质要求中，法律素质是一项不可缺少的重要素质。社会体育指导员应主动适应这一时代发展的需要，自觉加强体育法律知识的学习，努力增加体育法律意识和体育法制观念，不断提高自身的体育法律素质和依法解决实际问题的能力，为进一步推动社会体育法制建设做出贡献。

6.1.3 我国现行社会体育法制的主要内容

1.《全民健身计划纲要》

为了保证《全面健身计划纲要》在社会各领域和各行业的落实，国务院有关部委、解放军和一些省市都制定了相关实施性文件。国家体育行政部门作为《全面健身计划纲要》的组织实施者，先后制定了各阶段的实施性文件，如《关于贯彻〈全民健身计划纲要〉实施"全民健身一二一工程"的意见》《〈全民健身计划纲要〉第一期工程第二阶段（1997—1998年）工作方案》《全民健身计划第一期工程第三阶段（1999—2000年）工作方案》《〈全民健身计划纲要〉第二期工程（2001—2010年）规划》《〈全民健身计划纲要〉第二期工程第一阶段（2001—2005年）实施计划》等。这些文件共同构建起《全民健身计划纲要》的实施制度体系，有力地保证了《全民健身计划纲要》的有效落实。

2. 社会健身领导机构制度

（1）全民健身领导机构制度。根据《全民健身计划纲要》中推行全民健身计领导体制的要求，原国家体委在《关于贯彻〈全民健身计划纲要〉实施"全民健身一二一工程"的意见》中，明确了各地要建立实施全民健身计划领导、协调班子和办事机构的要求。到1999年，全国各省（区、市）、大部分行业体协、98%以上的城市、95%以上的县级地区，都成立了由政府领导同志挂帅、有关部门负责人参加的全民健身工作领导机构，较好地发挥了对全民健身工作进行领导、规划、协调的作用。

（2）基层社会体育组织网络制度。在《全民健身计划纲要》中，明确规定要逐步形成社会化的全民健身组织网络，提出了制定和实施体育社团法规制度的任务。1999年，国家体育总局下发的《关于加快体育俱乐部发展和加强体育俱乐部管理的意见》中，将以开展群众健身活动为主的健身俱乐部作为现行体育俱乐部的基本类型之一，明确提出要把发展为群众健身提供组织、指导和服务的各种健身俱乐部，作为当前积极扶持体育俱乐部发展的重点。2000年，国家体育总局和民政部发布了《体育类民办非企业单位登记审查与管理暂行办法》，包括对开展体育健身、娱乐和休闲活动指导与服务为业务内容，以中心、俱乐部等为组织形式的民办非企业单位的管理。随着体育体制改革的深化和体育社会化程度的提高，我国的群众健身性体育组织有了较快的发展，已经初步形成了以体育社会团体为线，以基层体育指导站、活动点、健身俱乐部为点的点线结合、覆盖面广泛的社会体育组织网络。

6.1.4 社会体育工作的有关法规知识

1. 订立和履行社会体育的有关合同

（1）订立和履行社会体育劳动合同。社会体育指导员在从事某一岗位的职业性社会体育工作时，便与用人单位形成了体育劳动关系。无论是长期工作还是短期工作或者是临时工，根据我国《劳动法》的规定，建立劳动关系就应订立书面形式的劳动合同。订立劳动合同应当遵循平等自愿、协商一致的原则，合同内容包括合同期限、工作内容、劳动保护和劳动条件、劳动报酬、劳动纪律、劳动合同终止的条件和违反劳动合同的责任等基本条款以及当事人协商约定的其他内容。

劳动合同一经依法订立即具有法律的约束力，当事人必须履行劳动合同规定的义务。劳动合同期满或当事人约定终止的条件出现，劳动合同即行终止，经合同当事人双方协商一致，劳动合同可以解除。用人单位或劳动者要求解除劳动合同，除规定的情形外，一般应提前30日以书面形式通知对方，但劳动者有因职业病或工伤丧失或部分丧失劳动能力的、患病或负伤在规定医疗期的、女职工在孕期产期哺乳期内等情形，用人单位不得解除劳动合同。

（2）订立和履行社会体育技术合同。社会体育指导员进行的社会体育指导工作，往往具有一定的科学技术内涵，在某些必要的情况下，需要订立和履行体育技术合同。根据我国《合同法》有关技术合同的规定，技术合同包括技术开发合同、技术转让合同、技术咨询合同和技术服务合同。在社会体育指导工作中，涉及较多的是体育技术咨询合同和体育技术服务合同。

体育技术咨询合同是为具有一定技术含量的体育项目或活动提供可行性论证、技术预测、专题技术调查、分析评价报告而订立的合同。体育技术服务合同是为解决特定的体育技术问题、完成某一体育技术工作或进行体育技术培训而订立的合同。订立体育技术合同，除应坚持一般的合同法律原则外，还应有利于体育科学技术的进步，加速体育科学技术成果的转化、应用和推广。体育技术合同的内容由当事人约定，一般包括项目名称，咨询或服务的内容、范围和要求，履行的计划、期限、地点和方式，工作条件和协作事项，风险责任的承担，成果归属和收益办法，验收标准和办法，报酬及其支付方式，违约责任，解决争议的方法以及其他有关条款。当事人双方均应按照合同约定的内容全面履行各自的义务，除当事人协商同意或符合法定特殊情况外，任何一方不得擅自变更或解除合同。

（3）订立和履行社会体育赞助合同。争取社会赞助是开展社会体育经常需要进行的一项工作，为保证赞助行为的有效性，应订立书面合同。根据接受赞助方的组织及其活动性质，体育赞助合同的依据和效力可大体分为以下两类：

一类是依据《公益事业捐赠法》的有关规定订立体育赞助合同，属于捐赠协议。捐赠是自然人、法人或其他组织，自愿无偿地将其有权处理的合法财产，向依法成立的公益性社会团体和公益性非营利性事业单位用于公益事业所进行的转移。所以，在体育捐赠协议中，受赠人应是非营利性的体育社团和体育事业单位且从事的是非营利性的体育活动。捐赠人对捐赠公益工程项目可以留名纪念或提出项目名称，享受有关税收优惠，并有权查询捐赠财产的使用情况，但不对受赠人附其他义务。体育捐赠协议一旦订立，捐赠人应当依法履行协议，按照约定的期限和方式完成捐赠。

另一类是依据《合同法》有关规定订立的体育赞助合同，属于赠与合同。赠与是赠与人将自己的合法财产向受赠人进行的无偿转移。法律没有限定受赠人及其财产使用的范围和性质，可以理解为一些营利性体育机构也可以接受赠与而成为体育赠与合同的主体。赠与还可以根据约定附义务，如为赠与人提供广告宣传、冠杯冠名等。但是，具有社会公益、道德义务性质的赠与合同或经过公证的赠与合同不得撤销，赠与人不交付赠与财产的，受赠人可以要求交付。

2. 建立各类社会体育组织

（1）体育社会团体是发展体育事业和开展体育活动的重要组织形式，社会体育指导员不但自己加入某一体育社会团体，也可能因需要而进行体育社会团体的筹建工作。建立体育社会团体，要严格执行国务院《社会团体登记管理条例》。依照该法规，国务院和县级以上地方政府的民政部门是社会团体的登记管理机关，体育行政部门是体育社会团体的业务主管单位。社会团体应当具备法人条件，机关、团体、企事业单位内部经本单位批准成立，在本单位内部活动的体育团体不属于上述登记范围。

成立社会团体应具备的条件是：有 50 人以上的个人会员或 30 个以上单位会员或两类会员总数不少于 50 个；有规范的名称和相应的组织机构；有固定的住所；有与其业务活动相适应的专职工作人员；有合法的资产、经费来源和规定数额的活动资金；有独立承担民事责任的能力。申请成立体育社会团体，经体育行政部门审查同意后，于发起日起 6 个月内召开会员大会或会员代表大会，通过章程，产生执行机构、负责人和法定代表人，并向民政部门申请成立登记。民政部门审查准予登记的，发给《社会团体法人登记证书》。

（2）建立体育民办非企业单位的有关规定。民办非企业单位是我国改革开放以来出现的一种新的民间性组织形式，基层的许多社会体育组织都可纳入民办非企业单位的范畴。按照国家体育总局、民政部 2000 年发布的《体育类民办非企业单位登记审查与管理暂行办法》，体育类民办非企业单位是指由企业事业单位、社会团体、其他社会力量和公民个人利用非国有资产举办的，不以营利为目的的，以开展体育活动为主要内容的中心、院、社、俱乐部、场馆等社会组织。体育类民办非企业单位可以开展的业务包括体育健身的技术指导与服务，体育娱乐与休闲的技术指导、组织、服务，体育竞赛的表演、组织与服务，体育人才的培养与技术培训等。

（3）建立各种体育企业组织的规定。建立各种体育企业组织，都要具备名称、机构、场所、财产、资金、经营范围以及其他规定的基本条件，向主管的工商行政管理部门提出申请，经审核准予登记注册的，领取《企业法人营业执照》或《营业执照》。建立体育"三资"企业，要事先经国家对外经济贸易部门审查批准，还有的地方规定从事专业性强、技术要求高和危险性大的体育项目经营，要先取得体育经营许可后，再进行工商登记，从事其他项目经营的在办理工商登记后，再进行体育经营登记。同时，根据规定还应在工商登记之前或之后领取公安、卫生、税务等证照。

3. 社会体育经营活动的管理

（1）有关税收管理的规定。税收是国家取得财政收入和调节经济的重要杠杆，依法纳税是每个公民和各种生产经营组织应尽的义务。从事社会体育经营活动的组织和个人，应自觉依法履行自己的纳税义务。根据《税收征收管理法》的规定，纳税人享有申请减免退税、要求税务机关为其经营情况保密、向税务机关了解税收政策法规和纳税程序、对税务机关及其人员违法违纪行为进行控告检举、对税务机关决定进行陈述申辩和获得法律救济等权利，承担依法申请办理税务登记、按规定设置和保管账簿、办理纳税申报、按规定期限缴纳税款、接受税务机关检查监督等义务。

根据我国现行的各种税收法律法规，当前开征的税种主要有增值税、消费税、营业税、土地增值税、房产税、企业所得税、个人所得税、资源税、契税等。其中，许多是从事社会体育经营活动应执行的纳税税种。例如，社会体育经营在体育、娱乐、服务方面提供劳务，属于营业税的征收范围；从事社会体育项目经营的企业在生产、经营方面的所得和财产使用、特许权使用等其他所得，应缴纳企业所得税；在社会体育经营中销售或者进口有关货物，应缴纳增值税；从事社会体育经营的个体工商户的生产、经营所得或承包、承租经营所得，应缴纳个人所得税。

（2）有关广告管理的规定。为了扩大社会影响和市场宣传，有些社会体育经营活动要开展必要的广告活动。根据《广告法》的规定，广告应当真实、合法，符合社会主义精神文明建设的要求，不得含有虚假的内容和法律禁止的各种情形，禁止在体育比赛场馆等处设置烟草广告。社会体育经营者自行或委托他人设计、制作、发布广告，所推销的商品或所提供的服务应符合其经营范围，所委托的广告经营者、广告发布者应具有合法的广告经营资格。在广告中使用他人名义、形象的，应事先取得他人的书面同意。县级以上人民政府的工商行政管理部门是广告的监督管理机关。

国家工商行政管理总局和原国家体委对体育广告的范围作出了大致的规定，主要包括在比赛场馆和比赛沿途设置的各种广告、各种体育活动印刷品上的广告、在使用的各种物品上宣传企业或商标名称的广告、体育比赛的冠杯广告、体育运动队的冠名广告等。

（3）有关价格管理的规定。从事社会体育经营活动，要严格执行国家的价格法律法规，依法定价和收费。根据《价格法》的规定，各种商品价格和服务价格，除极少数在国务院和省级价格主管部门制定的定价目录中，规定实行政府指导价或政府定价的以外，大多数实行市场调节价，由经营者遵循公平、合法和诚实信用的原则依法自主制定，并有权在政府指导价规定的幅度内制定价格。经营者购销商品和提供服务，应按规定明码标价，不得有加价行为、未标明的收费行为和不正当的价格行为，并接受政府价格主管部门的监督检查。经营者出现有关价格违犯行为的，应按照国务院批准的《价格违法行为行政处罚规定》接受处罚。非企业组织从事经营活动中的收费行为，应持有各级价格主管部门核发的收费许可证。

（4）有关保险管理的规定。在体育企业或其他组织开展的社会体育经营活动中，为了更好地保护经营者、劳动者和消费者的合法权益，需要涉及保险事务。根据《保险法》的规定，法律关系中，保险人是依法设立的保险公司，对合同约定的可能发生的事故所造成的财产损失承担赔偿或给付保险金的责任；投保人根据合同约定向保险人支付保险费，并对保险标的拥有法律上承认的利益；保险标的是以投保人本人或他人作为被保险人或利益人的财产及其有关利益或者人的寿命和身体。根据保险标的的不同，保险业务范围分为两类：一是财产保险业务，包括财产损失保险、责任保险、信用保险等；二是人身保险业务，包括人寿保险、健康保险、意外伤害保险等。订立保险合同，应当遵循公平互利、协商一致、自愿订立的原则，保险人应当向投保人说明保险合同的条款内容，并可就保险标的或被保险人的有关情况提出询问，投保人应如实告知。投保人、被保险人或者利益人知道保险事故发生后，应当及时通知保险人，保险人应及时作出核定，对属于保险责任的应履行赔偿或给付保险金义务，不属于保险责任的发出拒赔或拒付通知书。

4. 保护消费者的合法权益

（1）保护体育消费者权益的重要性和法律依据。在社会主义市场经济条件下，体育市场不断发展，体育消费日益扩大，越来越多的社会体育活动进入经营与消费领域。社会体育指导员在进行有偿性、经营性的指导与服务时，指导与服务对象就成为体育消费者，因此社会体育指导员也面临着保护消费者合法权益的问题。社会体育指导员的工作职责，是为增进人民群众的体质与健康服务，开展体育指导工作能不能有效保护好体育消费者的合法权益，绝不是某个人或单位的局部问题，而是关系着广大体育消费者的切身利益，关系着整个社会体育指导员队伍的声誉和形象以及社会体育事业的健康发展。

我国对消费者保护有着多方面的法律法规规定，一些体育法规也对体育消费者保护有所涉及，《消费者权益保护法》则是对各类消费者权益进行保护的整体性、集中性规定，人们为体育生活消费需要购买、使用体育商品或者接受体育服务时，其权益同样受该法的保护。社会体育指导员应认真学习和遵守有关的法律法规，依法保护好体育消费者的合法权益。

（2）体育消费者的权利。根据《消费者权益保护法》的规定，体育消费者在接受经营性社会体育指导服务中，主要享有的权利有人身、财产安全不受损害；知悉其购买、使用的体育商品或者接受的体育服务的真实情况；自主选择体育商品或体育服务；公平交易；在体育消费中受到人身、财产损害依法获得赔偿；获得有关体育消费或体育消费者权益保护方面的知识；在体育消费中，人格尊严、民族风俗习惯得到尊重；对体育商品和体育服务以及保护体育消费者权益工作进行监督等有关权利。

（3）体育经营者的义务。根据《消费者权益保护法》的规定，体育经营者在进行经营性社会体育指导服务中，主要履行的义务有：听取体育消费者的意见并接受监督；保证所提高的体育商品或体育服务符合保障人身、财产安全的要求；向体育消费者提供有关体育商品或体育服务的真实信息；标明其真实名称和标记；按国家规定或商业惯例向体育消费者出具购货凭证或体育服务单据；保证在正常情况下，对所提供的体育商品，承担包修、包换、包退或其他责任；不得以格式合同、通知、声明、店堂告示等方式做出对体育消费者不公平、不合理的规定，或减免其损害体育消费者权益时应当承担的民事责任；不得对体育消费者进行侮辱、诽谤，不得搜查体育消费者的身体及其携带的物品，不得侵犯体育消费者的人身自由。

5. 社会体育法律纠纷

（1）依法解决社会体育纠纷。社会体育是一个范围广泛的事业和活动领域，存在着多种多样的工作主体和活动主体，表现为各种类别的利益结构。特别是随着社会主义市场经济的迅速发展，社会体育的利益主体日益多元化，由各种利益驱动的权利义务矛盾也日益外显。在国家对社会体育事业的管理和调控中，在社会体育工作和活动的开展过程中，在社会体育的市场运作中，在各类社会体育组织的自我发展中，必然存在着不断形成的各种主体之间、多种不同性质的争议与纠纷。只有正确处理和解决好各种纠纷，才能使社会体育得以健康地发展。

在依法治体的条件下，各种社会体育纠纷的解决必须纳入法制的轨道。社会体育指导员应了解我国现行法律法规解决纠纷的基本方式，掌握必要的程序法律知识，依法及时有效地解决好各种社会体育纠纷。

（2）法律解决纠纷的主要途径。综合有关现行法律法规的规定，解决纠纷有如下一些主要途径或基本方式，这些方式同样适用于社会体育纠纷的解决：一是纠纷当事人通过协商自行实现和解；二是通过社团或其他组织等第三人的调解，促使当事人自愿达成纠纷解决的协议；三是按照有关组织的规章制度进行内部处理，包括在行业性社团的内部处理和在工作单位的内部处理；四是向有关行政主管部门申诉，提请行政裁决；五是对行政机关做出的有关具体决定或处罚不服，向其上级行政组织提请行政复议；六是当事人双方自愿将纠纷交给社会上的仲裁机构，通过仲裁解决。

6.2 社会体育指导员职业资格证书制度和政策法规体系

我国《劳动法》明确规定：国家确定职业分类，对规定的职业制定职业技能标准，实行职业资格证书制度，由经过政府批准的考核鉴定机构负责对劳动者实施职业技能考核鉴定。所谓职业技能鉴定是指按照国家规定的职业技能标准或任职资格条件，通过政府劳动行政部门认定的考核鉴定机构，对劳动者的技能水平或职业资格进行客观公正、科学规范的评价与认证的活动。职业资格证书是反映劳动者具备某种职业所需要的专门知识和技能的证明。与学历文凭证书不同，职业资格证书与职业劳动的具体要求密切结合，更多地反映了特定职业的实际工作标准和规范，以及劳动者从事这种职业所达到的实际能力水平。国家职业资格证书制度是职业技能开发的一个中心环节，是把职业技能开发和劳动力市场连接起来的纽带。社会体育指导员属于《中华人民共和国职业分类大典》中的第四大类第四中类第三小类的第一细类（职业），这就使对社会体育指导员制定职业标准，实行职业资格证书制度，将社会体育指导员这一职业纳入职业资格证书制度体系成为现实的需要。而建立和完善社会体育指导员职业技能鉴定的政策法规，是保障职业技能鉴定工作健康、有序发展的重要基础。因此，针对实行社会体育指导员职业资格证书制度和实施职业技能鉴定过程中的客观需要及可能出现的问题，在理论探索与实际运行的基础上，提出和制定一系列实施办法和配套规章，初步建立起以《劳动法》《职业教育法》《体育法》为主要依据，以《社会体育指导员国家职业标准》为主体，国家法律、行政法规和部门规章、地方法规衔接配套的法律法规体系，是当前迫切需要解决的重要任务。

1. 概况

1999 年 9 月国家体育总局受原劳动与社会保障部委托对社会体育指导员这一职业制定国家职业标准。国家体育总局于 1999 年 10 月正式成立社会体育指导员职业资格证书制度研制工作领导小组和研制组，展开了研制工作，研制工作的主要任务为：

（1）制定《社会体育指导员国家职业标准》以及配套制度、规定和有关文件。
（2）研制《社会体育指导员职业培训大纲》和社会体育指导员职业培训教材。
（3）研制和建立社会体育指导员职业技能鉴定体系。
（4）在全国范围内组织实施社会体育指导员职业资格证书制度。

2. 国家职业技能鉴定工作体系

国家职业资格证书制度建设和职业技能鉴定工作开展以来，到目前已经形成完整的工作体系，这个完整的体系包括四个子系统和14个主要工作环节（见图6—1）。职业技能鉴定法律法规系统是开展鉴定工作的基础，这个环节通过行政立法为职业技能鉴定确定了基本的法律地位和政策保障。社会体育指导员职业资格证书制度的实施，要按照国家职业技能鉴定总体工作体系的要求来进行。因此，提出和制定一系列实施办法和配套规章，形成一个由国家法律、行政法规和部门规章、地方法规衔接配套的法律法规系统，就成为贯穿整个社会体育指导员职业技能鉴定过程中的一项主要任务。

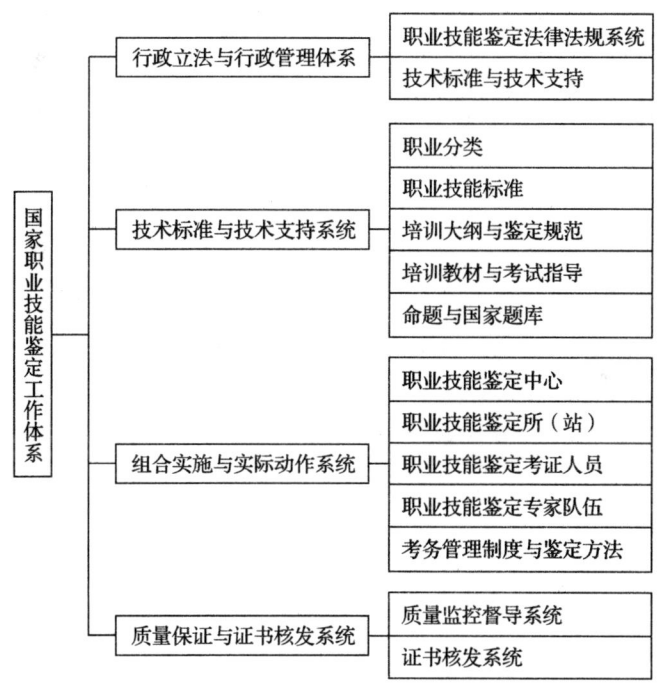

图6—1 国家职业技能鉴定工作体系示意图

从1987年以来，国家在这方面已经颁布了一系列的法律、行政法规和部门规章，社会体育指导员职业资格证书制度研制组也依据这些法律法规的要求，制定了相应的实施办法和配套规章，从而构成了职业技能鉴定工作的政策法规系统。

3. 国家法律、行政法规及部颁规章

（1）《劳动法》。《劳动法》第八章职业培训的第六十九条规定：国家确定职业分类，对规定的职业制定职业技能标准，实行职业资格证书制度，由经过政府批准的考核鉴

定机构负责对劳动者实施职业技能考核鉴定。《劳动法》的这一条款从国家基本法律的角度明确规定了我国职业资格证书、职业技能鉴定工作和职业技能鉴定机构的法律地位，为推行职业资格证书和职业技能鉴定制度提供了重要的法律依据。

（2）《职业教育法》。《职业教育法》第一章总则的第八条指出：实施职业教育应当根据实际需要，同国家制定的职业分类和职业等级标准相适应，实行学历证书、培训证书和职业资格证书制度。《职业教育法》明确了对职业学校和各类职业培训机构毕业生实行学历文凭和职业资格证书两种证书制度，确立了各级各类职业学校教育和各种形式的职业培训并举的职业教育体系，提供了发展职业教育的保障条件，是一部全面规范职业教育活动的法律。《体育法》第十一条指出：国家实行社会体育指导员技术等级制度。社会体育指导员对社会体育活动进行指导。《体育法》明确赋予了社会体育指导员的指导职责，使社会体育指导员成为与教练员、运动员、裁判员等相并列的又一类具有鲜明体育特色的专门人员。实施社会体育指导员职业资格证书制度以后，社会体育指导员的性质在一定程度上有所改变，由过去的业余、兼职、义务从事社会体育指导工作，逐步转变为依据职业资格证书制度，持证上岗并按市场需求从事指导工作，参与市场竞争，进行有偿服务。

（3）部颁规章、工作文件。职业技能鉴定工作有很强的专业性和技术性，整个工作纷繁复杂、千头万绪，为此，除了有强有力的行政立法与行政管理体系之外，还需要强有力的技术标准与技术支持系统、组织实施与实际运作系统、质量保证与证书系统作为保障。原劳动和社会保障部颁布的以《职业技能鉴定规定》和《职业技能鉴定工作规则》为代表的一系列技术性文件、管理办法，对职业技能鉴定的工作程序，包括鉴定站所，考评人员，命题，考务管理和证书颁发等做了明确规定，并对各工作环节中劳动行政部门、职业技能鉴定指导中心和鉴定站所的工作职责做了详尽的描述，对规范职业技能鉴定工作程序，建立和完善职业技能鉴定的质量保证体系有重要的指导意义。

4. 职业技能鉴定的具体实施要素及配套规章

（1）职业分类。已由原劳动和社会保障部组织有关部门开展，并于1998年正式颁布出版了《中华人民共和国职业分类大典》。按照职业的性质和活动方式、技术要求及管理范围，将社会体育指导员纳入科学、规范、有序的管理轨道中。

（2）职业标准。《社会体育指导员国家职业标准》作为整个鉴定工作的技术基础，是制定社会体育指导员职业技能鉴定方案、衡量社会体育指导员职业能力，确定社会体育指导员劳动报酬水平的主要参考依据，为社会体育指导员职业教育培训工作的开展、合理利用社会体育指导员劳动资源提供重要的指导。《社会体育指导员国家职业标准》是由职业名称、职业定义、职业等级、职业环境、职业能力特征、文化程度要求、培训要求、鉴定要求、基本要求、工作要求、比重表等部分构成。所有职业技能鉴定工作的展开都要以职业标准为基础，所有有关的规章、规定及技术性文件的制定都要以此为依据。因此，作为鉴定工作的主体，《社会体育指导员国家职业标准》也是整个社会体育指导员职业资格证书制度和政策法规体系建设的重要组成部分。

（3）培训大纲、教材与鉴定方案。在职业分类和标准确定的基础上，需制定培训大纲，作为指导职业培训发展方向、确定培训教材内容和教学方法的基本文件；同时也应制定鉴定方案，作为指导技能鉴定工作、确定鉴定技术和方法的基本性文件。目前，《社会体育指导员职业技能培训大纲》《社会体育指导员职业技能鉴定方案》等规章已制定完毕。

（4）命题与题库。社会体育指导员职业技能鉴定的命题工作应该以职业标准和职业技能鉴定方案为内容依据，制定职业技能鉴定的统一命题技术标准，通过确立内容明确的鉴定目标，形成规范的命题方法与步骤，以保证职业技能鉴定命题工作的过程公正性、结果有效性与实施可行性。有关这一环节的规章制度有：《社会体育指导员职业技能鉴定试题编制意见》《社会体育指导员职业技能鉴定题库（网络）管理办法》《社会体育指导员职业技能鉴定理论知识考试和评分办法》等。

（5）组织管理及工作机构。社会体育指导员职业技能鉴定的组织系统应由职业技能鉴定中心和社会体育指导员职业技能鉴定所（站）组成。职业技能鉴定中心是由政府授权、在行政部门指导下，具体组织、管理和实施鉴定的工作机构。职业技能鉴定所（站）是具体实施鉴定的工作场所，是鉴定工作体系中的基层执行机构。需要建立的与之相配套的有关规章包括：《社会体育指导员职业技能鉴定实施办法（试行）》《社会体育指导员职业技能鉴定方案》《社会体育指导员职业技能鉴定站（所）管理办法（试行）》《社会体育指导员职业技能鉴定站（所）认定标准、评分细则》等。

5. 考评、考务人员及考务管理

考务管理涵盖了职业技能鉴定的两大基本环节，即实施鉴定考核活动以及颁发证书。因此，考务管理关系到整个鉴定考核活动的成败，关系到鉴定考核最终结果的质量，具有特殊的重要地位和作用。按照职业技能鉴定考核的实施过程（见图6—2），涉及考评人员及考务管理的制度和方法，包含一系列的行政性和技术性规定是开展社会体育指导员职业技能鉴定不可或缺的工作指南，包括《社会体育指导员职业技能鉴定考务管理办法》《社会体育指导员职业技能鉴定考评人员资格认定及管理办法》《社会体育指导员职业技能鉴定考评考务人员工作守则》《社会体育指导员职业技能鉴定试卷运转管理办法》等十余项规章。

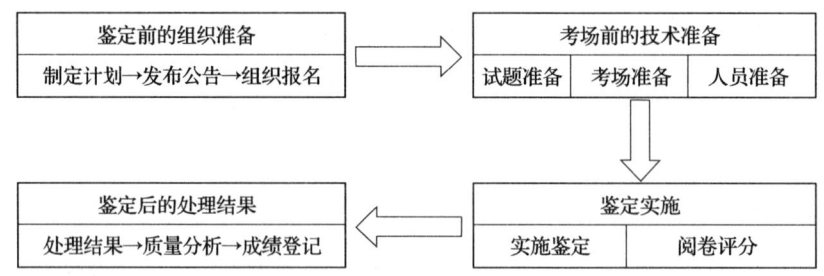

图6—2 职业技能鉴定考核实施步骤示意图

6. 质量保证与证书核发系统

这一部分的规章主要包括《社会体育指导员职业资格证书核发与管理办法（试行）》《社会体育指导员职业技能鉴定质量督导工作规则（试行）》等，主要从制度建设上确保职业技能鉴定质量管理的各项要求得到贯彻执行，确保鉴定工作的各个环节严格遵守法律法规的要求。

本章测试题

一、判断题（请将判断结果填在题后的括号中，正确的填"√"，错误的填"×"）

1. 国家职业技能鉴定工作要严格按照国家法律法规来进行，不受地方法规的限制。
（   ）

2. 社会体育指导员国家职业技能标准是整个鉴定工作的技术基础，为职业教育培训工作的开展、合理利用社会体育指导员资源提供重要的指导。
（   ）

二、单项选择题（选择一个正确的答案，将相应的字母填入题内的括号中）

1. 通常我们讲的体育法制，一般是由_____制定或认可并依靠国家强制力保证实施的体育法规和制度。

A. 国家　　　B. 当地政府　　　C. 当地法院　　　D. 体育学校

2. 以下对体育法制描述正确的是_____。

A. 体育法制不是现代国家实施体育管理的重要工具

B. 现代体育不需要确立体育事业在社会发展中的地位

C. 体育权利已经成为现代公民的一项重要社会权利

D. 体育事业是不全民性的事业

3. 用人单位或劳动者要求解除劳动合同时，除规定的情形外，一般应该提前（　　）以书面形式通知对方。

A. 30 日　　　B. 20 日　　　C. 15 日　　　D. 10 日

4. 实施职业教育应当实行的证书制度不包括_____。

A. 学历证书　　B. 学位证书　　C. 培训证书　　D. 职业资格证书

三、简答题

1. 简述加强体育法制建设的意义。
2. 简述体育法制的含义和意义。
3. 简述社会体育指导员职业资格证书制度。

第 7 章

太极拳教学基础英语

7.1　词汇 Vocabulary

7.2　课堂英语 Classroom English

7.3　太极拳理论体系 The theory system of Taijiquan

7.4　太极文化 Tai Chi Culture

本章提要

太极拳行业的发展趋势越来越市场化和国际化,为了更好地推广太极拳,太极拳教练员还必须掌握一定的太极拳英语教学能力。本章介绍了太极拳的初级词汇和课堂英语、太极文化英语以及太极拳理论体系相关英语。

7.1 词汇 Vocabulary

7.1.1 了解

按劲	pressing strength
拗步	twisted step; twist step
拔背	keep one's back straight; strength one's back
摆莲脚	outward-swinging leg position; swing leg outward
绷劲	springing strength
比赛	contest; competition
臂	arm
不丢不顶	no separation and no resistance
采劲	pulling strength; down-pulling strength
侧倾	incline sideward
发劲	discharging force
非圆即弧	either circle or arc
刚柔相济	combining hardness with softness
功夫	Kung Fu; fighting art; fighting skills
攻防	attack and defense; offense and defense
攻防搏击	offensive and defensive fighting

贯串之意	Yi of permeating
国术馆	National Martial Arts Gyms
行云流水	flowing clouds and running water
后发制人	striking only after being struck
呼与吸	breathing out and breathing in
化劲	dispersing force
技击术	art of attack and defense
借力打力	transforming the coming force to attack the opponent
整劲	integrating force
经络中通行的气	Qi(air) in Jingluo
静中寓动	motion with/in stillness
卷（蓄）与放	storing and discharging
快与慢	rapidness and slowness
练劲	building up power
练巧	mastering techniques
练顺	smoothing out the frame
螺旋缠绕	spiral enwinding
落点（劲点）	attacking points(positions)
连贯动作	consecutive movement
马步	Horse step
马步架掌	Raise Palm in horse step
民族体育	National sports
内不动，外不发	no internal Yi(mind), no external movements
内外统一	uniting mind with body
拍	slap, clap
拍脚	slap foot
气沉丹田	Qi Chen Dantian(storing qi in the pubic region)
气敛	Storing Qi(spirit; air)
牵一发而动全身	a slight move in one part may affect the whole situation
乾坤	Qiankun(heaven and earth, the universe)
强身健体	body building and physical fitness

轻与沉	lightness and heaviness
拳法	boxing method
拳理	boxing theory
拳式	movement
人不犯我、我不犯人	We will not attack unless we are attacked
柔与刚	softness and hardness
儒雅端庄	refined and dignified
神	Shen(concentration of the mind)
神聚	concentrating the attention
神明	spiritual illumination
十三势	Thirteen(13) Postures
收敛入骨	storing in the body
松静自然	being natural, relaxed and quiet
松柔缓慢	soft and slow
松腰圆裆	relaxing the waist and separating the thighs
太极拳圣地	Hometown of Taijiquan
陶冶情操	molding character
体育运动学	sports and kinematics
天人合一	Tian Ren He Yi(harmony between Man and Nature)
听劲	judging the opponent's force
唯物辩证	Dialectical Materialism
未老先防	anti-aging prevention before growing old
温文尔雅	gentle and elegant
文化内涵	cultural connotations
文静自然	quiet and natural
文拳	Wenquan(Boxing of Thoughts)
文武兼修	adept with pen and sword
无过不及，不偏不倚	no excess, no deficiency
无为而为；无为而治	actionless governance doing nothing that goes against nature
五阴并五阳	half Yin and half Yang

五趾抓地	feet grasping the ground
武术	martial arts; wushu
物极必反	Extremes Meet
形神共养	cultivating both the mind and the body
形神皆备	spirit and appearance likeness
修身养性	self-cultivation
虚领顶劲	erecting the head and relaxing the neck; erecting the head and neck naturally
虚其心，实其腹	emptying one's mind and filling one's stomach
虚实	Xu Shi; voidness and solidness; emptiness and solidness
穴	acupoints
延年益寿	keeping longer longevity; longevity prolonging
一静一动	stillness and motion
一开一合	opening and closing
以静制动	coping with all motions by remaining motionless
以弱胜强	conquering strength with weakness
以退为进	retreating in order to advance
以武载道	incorporating cultural elements into martial arts
以小力胜大力	defeating the strong with little effort; conquering strength with weakness
意	Yi(mind)
阴阳互根	Yin and Yang rooting in each other
阴阳相济	Yin and Yang assisting each other; Yin and Yang existing; Yin and Yang existing together
元气	Yuanqi(vitality)
养生术	science of health preserving
原始道家	the original Taoism
原始儒家	the original Confucianism
圆活饱满	softness and fullness
圆与方	circle and square
沾连粘随	Zhan Lian Nian Sui(touching, sticking, adhering and

	following)
着熟	be skilled
正气	Zhengqi(pure air)
致虚极，守静笃	finding rest and peace, and feeling ease
中国传统医学	TCM; traditional Chinese medicine
中国佛学	Chinese Buddhism
中国古典哲学	Chinese classical philosophy
中气	Zhongqi(air in internal organs)
中正和谐	Harmony and Perfection
中正之说	Notion of Zhong and Zheng(Harmony and Perfection)
自强不息	make unceasing efforts to improve oneself

7.1.2　重点

头	head
颈	neck
肩	shoulder
腋	armpit
胸	chest/bosom
背	back
腰	waist
腹	abdomen /belly
臀	buttocks/bottom
臂	arm(s)
大臂	upper arm(s)/big arm(s)
肘	elbow(s)
小臂	forearm(s)
手	hand(s)
手腕	wrist(s)
掌	palm(s)
手指	finger(s)
胯（髋部）	crotch

腹股沟	groin(s)
腿	leg(s)
大腿	thigh(s)
膝	knee(s)
小腿	lower leg(s)
脚	foot(feet)
踝	ankle(s)
脚趾	toe(s)
脚后跟	heel(s)
重心	weight
中心	center
中间	middle
身体中线	center line of the body
角度	angle
度数	degree(s)
45度角	an angle of 45°; an angle of forty-five degree
平行	parallel
垂直	vertical/erpendicular
武术	Wushu/Chinese martial arts
（招）式/动作	movements
按	press
白鹤亮翅	White Crane Spreads its Wings
掤	swell
朝后	point backward
朝前	point forward
朝上	point upward
朝下	point downward
沉肩	sink shoulders; keep shoulders down
沉肩坠肘	shoulder low and elbow loose; drop shoulders and elbows
陈式太极拳	Chen style Taijiquan
创始人	founder

动作／招式	movement/action
高；低	above; below
高探马	Gao Tan Ma
功夫	Kung Fu
含胸	shrink bosom/draw chest(in)
合中有开	closing with opening
挤	squeeze
节节贯串	joints' coordinating
金刚捣碓	Jin Gang Dao Zhui
经络	Jingluo(main and collateral channels)
开胯屈膝	separating the thighs and bending the knees
开与合	opening and closing
开中有合	opening with closing
胯膝足三点一线	crotch, knee and foot align
立身中正	keep body upright
立腰	keep waist erect
立掌	standing palm
立正	stand at attention
落下、下打	fall
将	stroke
迈步	take a step forward
内劲	Neijin(inner power)
内气	internal energy
内外皆修	internal and external cultivation
平衡	balance
起势	Beginning Form
前；后	front; back
前；后	front; back
屈、弯	bend
拳姿	boxing posture
如封似闭	Ru Feng Si Bi

上；下	up; down
上三步	Three Steps Forward
身体放松	physical relaxation
收腹	draw in abdomen
收腹下沉	draw the abdomen in, sink
收势	Closing Form
手指打开	open the fingers
双脚并拢	Put your feet together
双脚平行	feet parallel
双目平视	look forward
双手自然贴于双腿两侧	Hands naturally fall beside thighs.
四两拨千斤	defeating the strong with little effort
太极	Tai Chi/Taiji
太极拳	Taijiquan
太极图	Tai Chi Diagram/Taiji Diagram
套路	routine
提、抬	lift
通经络	activating channels
推手	Tui Shou(pushing hands)
武术	Wushu/Chinese martial arts
膝盖打开	open knees
下沉	sink/go down
下落	fall
养生术	science of health preserving
移重心至右腿	move body weight to right leg
移重心至中间	move body weight to center
移重心至左腿	move body weight to left leg
以柔克刚	overcoming hardness with softness
阴阳	Yin and Yang; Yin-Yang
阴阳学说	Yin-Yang Theory
右膝微屈	bend right knee slowly

左右野马分鬃	Part the Wild Horse's Mane on Both Side
与肩同宽	shoulder width apart/be shoulder-wide
玉女穿梭	Yu Nu Chuan Suo
预备	preparing
云手	Yun Shou
招式/动作	movements
哲拳	Zhequan(Boxing of Philosophy)
至肩同高	up to shoulder high
重心至右脚	shift weight to right foot
转	turn(left/right)
左；右	left; right
左迈一步	step left one pace
左膝上提	lift left knee slowly

7.1.3 难点

对立与统一	contradiction and unification; unity of the opposites
刚柔相济	combining hardness with softness
根于脚，主宰于腰，行于手指	rooting with feet, leading with waist, and moving with fingers
含胸拔背	contracting the chest and lengthening the back
四两拨千斤	defeating the strong with little effort
上下相随	the harmony between the upper and lower body
舍己从人	giving up one's own to accept the widely-accepted one
身心双修	Ophysical and spiritual cultivation

7.2 课堂英语 Classroom English

7.2.1 太极拳套路名称 Names of Taijiquan

1. 五式 Five-form Taijiquan

（1）起势　　　　　　　Beginning form

（2）上三步　　　　　Three steps forward

（3）野马分鬃　　　　Ye Ma Fen Zong(Part the Wild Horse's Mane)

（4）金刚捣碓　　　　Jin Gang Dao Zhui(Buddha's Warrior Attendant)

（5）收势　　　　　　Closing Form

2. 八式 Eight-form Taijiquan

（1）起势　　　　　　Beginning form

（2）野马分鬃　　　　Ye Ma Fen Zong(Part the Wild Horse's Mane)

（3）如封似闭　　　　Ru Feng Si Bi(Apparent Close-up；Seeming Close-up)

（4）云手　　　　　　Yun Shou(Wave hands)

（5）高探马　　　　　Gao Tan Ma(High Pat on Horse)

（6）转身摆莲　　　　Zhuan Shen Bai Lian(Turning the body to sweep the lotus with leg)

（7）金刚捣碓　　　　Jin Gang Dao Zhui(Buddha's Warrior Attendant)

（8）收势　　　　　　Closing Form

3. 十三式 Thirteen form Taijiquan

（1）起势　　　　　　Beginning form

（2）野马分鬃　　　　Ye Ma Fen Zong(Part the Wild Horse's Mane)

（3）背折靠　　　　　Bei Zhe Kao(Fold back on)

（4）云手　　　　　　Yun Shou(Wave hands)

（5）右蹬一根　　　　You Deng Yi Gen(Kick with right heel)

（6）掩手肱拳　　　　Yan Shou Gong Quan(Cover Hand and Arm with Fist)

（7）小擒打　　　　　Xiao Qin Da(Small Capture and Strike)

（8）如封似闭　　　　Ru Feng Si Bi(Apparent Close-up；Seeming Close-up)

（9）单鞭　　　　　　Dan Bian(Single whip)

（10）雀地龙　　　　　Que Di Long(The sparrow dilong)

（11）退步跨虎　　　　Tui Bu Kua Hu(Step backwards across the tiger)

（12）金刚捣碓　　　　Jin Gang Dao Zhui(Buddha's Warrior Attendant)

（13）收势　　　　　　Closing Form

7.2.2　授课流程 Teaching Process

1. class begins（开始上课，行抱拳礼）

Coach：Good morning/Good afternoon/Good evening/hello everyone!

I'm very honored to have this opportunity to share with you the traditional Chinese martial art, Taijiquan.

First of all, let me introduce myself. My name is…I'm from…You can call me Ms. / Mr.….

2. knowing each other（介绍学员，彼此认识）

Today we have a new member here. She/He is … Welcome!

Introduce yourself, please!

3. warming-up exercise（热身运动）

We've learned three steps forward, let's do it together. Let's follow Mr …

Let's review the last lesson again, staring from beginning form.

4. revision and correction（复习纠正）

Just now I saw your performance. Most of you have made a lot of progress. Congratulations!

Let's review the first movement: three steps forward.

First we have to be clear of the requirement of the posture.

Left foot: 45 degrees, and right foot, toes forward.

Put weight on left and make sure that your crotch, knee and foot on the same line.

Put your left hand 4 fingers below the crotch, and right hand three fingers up away from your knee.

Keep your hands horizontal and fingers pointing forward.

5. learning new movements（教授新课）

Today we are going to learn some new movements.

Ok, now follow me.

6. interaction（学员互动）

This is the first movement of three steps.

Now we can do it in pairs.

Make sure that every posture we must do it according to our requirements and pay attention to the details.

7. revision of today's movements（复习讲解）

Today we learn the starting position.

8. Taichiquan show（集体打拳）

Ok. This is the end of today's class. Now let's do it together.

Thank you and see you next time!

7.3 太极拳理论体系 The theory system of Taijiquan

7.3.1 太极拳的五个基本判断标准 Five basic judgment standards for Taijiquan

Does it include the Theory of Yin and Yang?

是否含有太极的阴阳之理？

Does it conform to the physiological characteristics of the body?

是否吻合人体的生理特点

Could it be used to martial arts/combat?

是否用于技击？

Does it include the connotation of the Taijiquan?(joints' coordinating, overcoming hardness with softness)

是否包含太极拳的内涵（节节贯串、以柔克刚）

Could it produce internal energy?

是否能产生内气?

7.3.2 太极拳六大理论体系 Six theory system of Taijiquan

Precise form 准确定式

Joints' coordinating 节节贯串

The change of substantial and insubstantial 虚实变化

Control the internal energy 掌控内气

The way of controlling energy through fingers 手印之道

Tai Chi Shen Fa 太极身法

7.3.3 王宗岳《太极拳论》On Taijiquan

Taiji, being born of infinity, is the origin of the dynamic and the static and the mother of

Yin and Yang.When moving, it divides.At rest, it reunites.There should be neither excess nor deficiency.Following the opponent, compress or extend.When the opponent is hard, I become soft, which is called yielding.Then, when the situation turns around in the favor of me, I follow the opponent, which is called adhering.To the opponent's fast move I follow fast.To his slow movement I follow slowly.Although the changes are various and infinite, the principles remain the same.The first step is to get familiar with the moves and applications, then gradually master the art of knowing and applying energy, finally, to approach the intuitive understanding of this art.However, without long diligent practice, one will not be able to have such a sudden and thorough enlightenment.

太极者，无极而生，阴阳之母也。动之则分，静之则合。无过不及，随曲就伸。人刚我柔谓之走，我顺人背谓之粘。动急则急应，动缓则缓随。虽变化万端，而理为一贯。由着熟而渐悟懂劲，由懂劲而阶及神明。然非用力之久，不能豁然贯通焉。

The crown of the head is suspended from above and Qi sinks to the Dantian.No tilting, no leaning.Suddenly appearing, suddenly disappearing.When the left feels weight, then the left has become insubstantial.When the right feels pressure, then the right has become empty.

虚灵顶劲，气沉丹田。不偏不倚，忽隐忽现。左重则左虚，右重则右杳。

When the incoming force is upward, I follow and become higher.When the incoming force is downward, I still follow and become deeper.When the opponent advances, let him feel the increasing distance.When he retreats, let him feel the urgent chasing.I become so light and alert that even a feather cannot be added and a fly cannot land.The opponent does not know me but I do know him.A real hero is born and has no equal because of all of this.

仰之则弥高，府之则弥深，进之则愈长，退之则愈促。一羽不能加，蝇虫不能落，人不知我，我独知人。英雄所向无敌，盖皆由此而及也。

There are many other styles of martial arts.Although their forms are distinct from one another, more or less they are the same nature.The strong beats the weak, the slow yields to the fast.Those who are stronger and faster prevail.But all this is natural born ability and not related to the study of martial arts.Studying the saying "Four ounces repel one thousand pounds", it is apparent that this cannot be accomplished by strength.From observing the elder fighting multiple opponents, it cannot be the matter of speed.

斯技旁门甚多，虽势有区别，概不外，壮欺弱，慢让快耳。有力打无力，手慢让手快，是皆先天自然之能，非关学力而有为也。察四两拨千斤之句，显非力胜；观耄耋御众之形，快何能为。

Stand straight like a dropping scale.Move as lively as a cartwheel.To have only one side heavy, so the other side can follow.If double heaviness occurs, then there is stagnation.The reason why those with years of training still cannot apply neutralization and applications is that they have not comprehended the issue of double heaviness and restrained themselves.To avoid this fault, one must understand Yin Yang.To adhere means to yield.To yield means to adhere.Yin is not separate from Yang, and Yang is not separate from Yin.Yin and Yang are mutually cooperated and dependent on each other, which is the understanding of Jin.Only after understanding Jin, the more practice, the more refinement.Practice with your heart and mind, gradually you will be able to do it at will.The basic principle is to give up oneself by following and yielding to the opponent.It is unfortunate that most practitioners cannot understand this and work on something far less important.

立如秤准，活如车轮，偏沉则随，双重则滞。每见数年纯功，不能运化者，率皆自为人制，双重之病未悟耳。欲避此病，须知阴阳；粘即是走，走即是粘，阳不离阴，阴不离阳；阴阳相济，方为懂劲。懂劲后，越练越精，默识揣摩，渐至从心所欲。本是舍己从人，多误舍近求远。

Remember the slightest aviation error can cause a thousand mile divergence.The learner, therefore, must discriminate precisely.

所谓差之毫厘，谬之千里。学者不可不详辨焉。是为论！

7.4 太极文化 Tai Chi Culture

7.4.1 太极文化介绍 Tai Chi Culture introduction

1. 太极拳的基本概念 Basic concept of Taijiquan

（1）什么是太极？What is Tai Chi？

"Tai Chi" first comes from "the Great Appendix of the Book of Changes", said: "The Yi has Tai chi, which gives birth to two states."

"太极"一词最早出自于《易传·系辞上》，曰："易有太极，是生两仪。"

"Tai Chi" is the origin of the universe. It means large to the limit that nothing can match it.

"太极"含有至高至极之意，就是至于极限，无有相匹之意，意为宇宙万物的起源。

From the Tai chi diagram, it can be concluded: the circle of Tai chi diagram is representative of the universe, black and white represents Yin and Yang, earth and heaven. Among them, black dot in white means that Yin exists in Yang and the part of white dot in black shows that Yang also exists in Yin.

从太极图可以很形象的得出结论：太极图这个圆圈，代表的是宇宙，代表无极。图像中的黑白两色：代表阴阳两方，天地两部。白中黑点，表示阳中有阴，黑方白点，表示阴中有阳。

（2）什么是太极拳？What is Taijiquan？

Taijiquan is one kind of boxing to improve coordination between Spiritual and physical life, which has its own theoretical basis of Yin and Yang, physiological basis of main and collateral channels and skeletal in Chinese medicine, meanwhile it is also called one kind of boxing to produce internal energy by breathing exercises method of Taoism.

太极拳是以太极的阴阳学说为理论依据，中医的经络骨骼学说为生理依据，以道家的导引吐纳之术为练气的方法，是一种性命双修的拳法。

Simply saying, to put Yin and Yang into boxing, it is Taijiquan.

简单地说，就是把太极的阴阳之理融入到拳里，就是太极拳了。

2. 关于太极 About Tai Chi

（1）太极拳是内家拳，所以必须产生内气。

Qi (internal energy) must be produced during the process of practicing Taijiquan, because it is one kind of internal boxing.

（2）迄今为止，全球150多个国家和地区，有约1.5亿人在习练太极拳。

Up to now, proximately more than 150 million people practice Taijiquan over 150 countries and regions.

（3）太极是华夏人类的结晶，中国传统文化的根基，影响了道家、儒家等中华文化各个流派。

Tai Chi has the impact of Confucianism, Taoism, and various genres of Chinese Culture. It is not only the crystallization of Chinese civilization, but also the foundation of traditional Chinese culture.

（4）关于太极拳的起源有不同的说法。传统的说法就是宋朝智者张三丰（960—1279）看到了麻雀和蛇的战斗之后发明了太极拳。但是人们偏偏接受的是现代太极拳源于19世纪于清朝道光年间产生的陈式太极拳。

There have been different saying about the origin of Taijiquan.The traditional legend goes that the wise man Zhang Sanfeng of the Song Dynasty(960-1279)created Taijiquan after he had witnesses a fight between a sparrow and a snake, while most people agreed that the modern Taijiquan originated from Chen style Taijiquan, which first appeared during the 19th century in Daoguang Regin of the Qing Dynasty.

（5）无极的概念是和中国的阴阳概念联系在一起的。

The notion of "supreme ultimate" is often associated with Chinese concept of Yin and Yang.

（6）道家是中国最古老的哲学，它是以阴阳学说为代表。

Taoism is the oldest philosophy of China which is represented by the famous symbol Yin and Yang.

（7）太极拳以哲学思想为依据，提倡身、心、意的平衡和谐。

Taijiquan is based on the spiritual and philosophical ideas that advocate a need for balance in the body, mind, and spirit.

（8）阴和阳就像光明和黑暗一样是宇宙的对立又互相联系的两个方面。

Yin and Yang are opposite and complementary forces in the universe such as light and dark.

（9）在美国，从健康的目的出发的太极拳早已经成为辅助治疗的一种方法。

In the United States, Taijiquan for health purpose has become a part of complementary and alternative medicine.

（10）太极拳的另一个理念就是阴阳之气应该保持平衡。

Another concept in Taijiquan is that the forces of Yin and Yang should be in balance.

（11）阴被认为有水的特质，比如寒冷、黑暗、向内和向下。

Yin is believed to have the qualities of water, such as coolness, darkness, inward and downward directions-and to be in feminine character.

（12）阳被认为有火的特性，比如热、光、动作和向上、向外的动作，有刚的特性。

Yang is believed to have the qualities of fire-such as heat, light, action, upward and outward movement-and to be masculine.

（13）根据这种理念，人们的阴阳之气只有保持平衡才能使身体健康，而太极拳就是维持这种平衡的一种练习。

In this belief system, people's Yin and Yang need to be in balance in order for them to be healthy, and Taijiquan is a practice that supports this balance.

（14）如果你习练太极拳的姿势不正确或者过渡练习，你的肌肉有可能酸疼或扭伤。

If you don't position your body properly in Taijiquan or if you overdo practice, you may get sore muscles or sprains.

（15）太极拳作为一种辅助治疗手段不能代替常规治疗或者是推迟治疗。

Tai chi as a complementary and alternative therapy method should not be used to replace conventional medical care or to delay treatment.

（16）太极拳适合不同年龄段的人习练，同时对场地和器材也没有什么太高的要求，在世界上已经被人们广泛接受。

Taijiquan is suitable for people of all ages and requires little or no special equipment, it has been widely accepted all over the world.

（17）很多人已经发现太极拳缓慢舒展的动作对于治疗包括头痛、高血压、关节炎、背疼等都十分有效。

Many people have found that the gentle and slow movements of Taijiquan is an effective therapy for a wide range of health problems including poor circulation, headaches, high blood pressure, arthritis, back pain and so on.

（18）优美的太极拳动作可以使我们改变不良姿势，心态更加平和不容易生气。

The graceful movements of Taijiquan can lead to Correct our bad posture and make us more even-tempered and slow to anger.

（19）有些太极拳的动作的名字来自于动物和鸟类，例如"白鹤亮翅"。

Some Taijiquan movements are named for animals and birds, such as "White Crane Spread Its Wings".

7.4.2 课外读物 Reading Materials

Introduction: Taijiquan history and styles

The word Tai Chi first appeared in Book of Changes of the Zhou Dynasty. The essay says: "Where there is Tai Chi, there is peace and harmony between the positive and the negative." Taijiquan means supremacy, absoluteness, extremity and uniqueness. Taijiquan takes its name for the implication of superiority. Taijiquan got its name when Shanxi secular Wushu master Wang Zongyue used the philosophy of the positive and negative from the Book of Changes to explain the principles of the Chuan.

There are different opinions on the origin of Taijiquan. Some think it was created by Zhang Sanfeng of the Song Dynasty (961-1279) while others believe it was created by Han Gongyue and Cheng Lingxi in the Liang Dynasty (502-557). Still others say that it was created by either Xu Xuanping or Li Daozi of the Tang Dynasty (618-907) Yet all propositions cannot be proved from authenticate historical records. According to the research of Wushu historian Tang Hao, Tai Chi Quan was first exercised and practised among the Chen family members at the Chenjia Valley which is located in Wenxian County in Henan Province. The earliest choreographer of the Taijiquan was Chen Wangling who was both a scholar and a martial artist. Chen combined his knowledge of ancient psychological exercises; the positive and negative philosophy describe in the Book of Ch-anges and Chinese medical theory of passages and channels of blood, air flow and energy inside the human body with the exercises and practices of Wushu. He absorbed the strong points from various schools and styles of martial arts of the Ming Dynasty, especially the 32-move Qi Jiguang style of Chuan (long-style Chuan), to form the school of Taijiquan. After years of dissemination, many styles of Taijiquan were created. The most popular and wide-spread are the following five styles: Chen-style Taijiquan, Yang-style Taijiquan, Wu-style Taijiquan, Wu Yuxiang Style Taijiquan, Sun-style Taijiquan.

Although different in style and form, all Taijiquan routines require their practitioners to be tranquil, calm, relaxed but concentrative. In Taijiquan the spine is the pivot around which the body moves. Forces and energy should be generated from the spine and waist before reaching the arms and legs. The movements are executed slowly, continuously and softly, but hardness is implied in softness.Substantialness should be distinguished from insubstantialness. Practitioners are required to breathe regularly and smoothly.The inner strengths and energy should be exuded through external movements and actions.

The theory of Taijiquan was developed when Wang Zongyue wrote his On Taijiquan. Taijiquan theories matured with later writings of the Thirteen-form Frame, Thirteen Postures, Secrets of Thirteen Stances, The Essentials of Martial Artists, Martial Artists' Ballad, Tai Chi Combats and Five-Word Essentials.

As mentioned earlier, the Taijiquan has health enhancing and disease curing functions. This is largely due to its effect on brain function.Practising Tai Chi enables part of the cerebral cortex to enter a protective inhibition so that partial rest is possible while other parts are excited.As a result brain function can im protracted exercises and practices of Taijiquan.Various chronic diseases resulting from the malfunction of the nerve system can thus be cured or ameliorated.

Tai Chi and Taijiquan

Taijiquan is also called "philosophical Chuan," meaning that its principles and techniques all contain the idea of Tai Chi in Chinese classical philosophy.To learn Taijiquan calls, first of all, for under-standing this philosophical thought.This helps to know the techniques of Taijiquan.The idea of Tai Chi is, in fact, a systematic thought of balance.Tai Chi refers to a primitive state in Chinese philosophy.It is a natural existence.The life of man was a state of Tai Chi in the earliest stage, just like the baby in the body of a mother.Lao Zi, the representative of Taoism, spoke very highly of this state when he wrote that people formed much tension in their daily lives which led to illnesses.Therefore, people should relax their bodies and minds through exercise to return to the infant state.

Chinese classical philosophy holds that all things are born of Tai Chi.The whole process is stated in detail in the Book of Changes written in the Zhou Dynasty (1100–221 B.C.): "Tai Chi causes the two opposites, the two opposites cause the four seasons, and the four seasons cause the eight natural phenomena (denoting heaven, earth, thunder, wind, water, fire, mountains and lakes)." The eight phenomena cause all things.The two opposites mentioned here are the yin (negative) and yang (positive), which exist in all system.The picture shows the famous "Tai Chi Chart," in which the black represents yin and the white yang. They are supplementary to each other, transform themselves into each other and depend on each other. The harmony and balance between yin and yang constitute the "Tai Chi state." The human body is also composed of yin and yang. When yin and yang are balanced, both the body and mind are in a good state; however, their imbalance leads to illness. Therefore, to improve the physical qualities and prevent illness begins with the adjustment of yin and yang. Offence and defence also form a contradiction of yin and yang; if the relationship between offence and defence is handled well, the key point of combat is grasped. Therefore, to grasp the rules of the changes between yin and yang of the human body is an important way to improve the ability of combat. The ideas described above form the basic train of thought for Taijiquan.

The Tai Chi philosophical thought is embodied in the play of every exercise of the Taijiquan. Yin and Yang are divided in every movement: the relationship of yin and yang is involved in every motion of the Taijiquan, whether in a fixed form or in a process. There is a clear distinction between the empty and the solid, and between the above and the below in every movement. In the Single Whip exercise, the left hand in front is the open palm and belongs to yang, and the right hand in the rear is the hook and belongs to yin. When the head is up slightly, it is yang, and when the crotch is relaxed and down, it is yin. When the weight is on the left leg, it is solid and belongs to yang; then the right leg is empty and belongs to yin. At the same time, every yin and yang element implies the tendency to transform itself into the opposite. This is why the play of the Tai Chi Quart changes constantly and continuously like the moving clouds and flowing water.

There are curves everywhere: The Tai Chi Chart is round in shape. Between yin and yang are harm-onious coexistence and soft transformation. The curved movements conform best to the natural state of the structure of the human body, making it easy to transform and adjust the yin and yang relationship smoothly.

Motion and stillness exist together. The movements of the Taijiquan are relaxed and slow. They call for stillness in motion to achieve the relaxation of the mind and body. At the same time, while in the fixed form, there must be motion in stillness so that the movements do not discontinue and the mind and energy flow do not stop.Motion and stillness are the two opposites of a contradiction-the yin and yang.The coexistence of motion and stillness is the embodiment of the Taijiquan idea: "There is yin in yang, and yang in yin." Hardness and softness are combined: if too hard, it is easy to break; if too soft, it is easy to damage. The Taijiquan stresses softness to achieve hardness.In the light and soft movements is an imposing manner, assisted by the mind at the same time.Where there is the body form, there is the mind.What is tempered is the changeable and flexible "hardness." While executing the movements, softness is implied while hardness is shown in form.So exists the integral whole, whether in ad-vance or retreat, in rise or fall, or in closing or opening.When one part moves, all parts of the body move.This effectively helps to temper the integrity and harmony of the human body and in-crease the harmony between Yin and Yang.

The Tai Chi thought is a strict system and it is embodied in the Tai Chi Quan in many ways.I have given only a few examples to illustrate the points.The readers have to carefully understand the more pro-found intentions of the Taijiquan through their own practice.

本章测试题

一、判断题（请将判断结果填在题后的括号中，正确的填"√"，错误的填"×"）

1. There is no need to review and correct movements. （　　）
2. Tai Chi is just about moving your arms slowly. （　　）
3. "Obliquely downwards 45 degree inside knee" 意为"掌心斜下45度, 指尖向前, 在膝内侧"。 （　　）
4. "双手放松下落" 可译为 "hands relax and fall"。 （　　）

二、单项选择题（选择一个正确的答案，将相应的字母填入题内的括号中）

1. "掌心向上, 约高于肩" 如何译成英语？ _____.

   A. Palm up and a little bit lower than shoulder
   B. Palm down and a little bit lower than shoulder
   C. Palm down and a little bit higher than shoulder
   D. Palm up and a little bit higher than shoulder

2. "Wave hands" is not in_____form?

A. Five-form   B. Eight-form   C. Nine-form   D. Thirteen-form

3. What does the meaning of "When moving, it divides. At rest, it reunites"?

A. 太极者，无极而生   B. 动之则分，静之则合
C. 无过不及，随曲就伸   D. 不偏不倚，忽隐忽现

三、简答题

1. What is Tai Chi?
2. What's the theoretical basis and physiological basis of Taijiquan?
3. What's Five Basic Judgment Standards for Taijiquan?
4. What's the first system in six theory system of Taijiquan?

理论知识考试模拟试卷及答案

社会体育指导员（太极拳）（五级）理论知识试卷

注 意 事 项

1. 考试时间：90 min。
2. 请首先按要求在试卷密封处填写您的姓名、准考证号和所在单位的名称。
3. 请仔细阅读各种题目的回答要求，在规定的位置填写您的答案。
4. 不要在试卷上乱写乱画，不要在密封区填写无关的内容。

	一	二	总分
得 分			

得 分	
评分人	

一、判断题（每题1分，共40分，请将判断结果填在题后的括号中，正确填"√"，错误填"×"）

1. 我们把掌握相应的太极拳技术、能够科学指导太极拳练习并且取得国家职业资格证书的人员，称为社会体育指导员（太极拳），也称为太极拳教练员。（ ）

2. 太极拳教练员需要经过系统、专业的培训，通过教练员职业资格考试，取得职业资格证书。（ ）

3. 职业道德，就是与人们的职业活动紧密联系的符合职业特点所要求的道德准则、道德情操与道德品质的总和。（ ）

4. 职业化就是一种工作态度的标准化，规范化，制度化。（ ）

5. 团队的构成要素总结为5P，分别为目标、方向、定位、权限、计划。（ ）

6. 太极拳教练员是一个综合中国传统文化和太极拳技术的职业，从业者不仅要具备中国传统文化方面的知识，还需要全面理解太极拳的内涵且精通太极拳技术。（   ）

7. 太极拳教练员的自我形象管理包括形象塑造、日常行为规范、语言技巧、上课流程和礼仪规范。（   ）

8. 教学过程中形象性语言可以将简单具体的事物表达得抽象有深度。（   ）

9. 教练员每天上岗前，要对今天上课的内容进行备课。（   ）

10. 太极拳是宋徽宗时武当丹士所创，并发展出目前的陈式太极拳。（   ）

11. 所有太极拳比赛中的比赛规则和标准都是遵从传统太极拳的标准。（   ）

12. 孙氏太极的特点是进退相随、开合活步。（   ）

13. 随着社会的发展，太极拳将更为迅速地深入人民生活。（   ）

14. 太极拳是一种以养生为目的的拳种。（   ）

15. 太极拳就是把太极的阴阳之理，融到"拳"的每个招式里面而形成的。（   ）

16. 太极拳六大体系是各自独立，学员可以从任何一个体系开始。（   ）

17. 准确定式是吻合人体骨骼最佳受力状态，保证经络畅通的拳架体系。（   ）

18. 节节贯穿是劲从脚起，发于腿，主宰于腰，形于手指。身体各关节依次而动，一动全动的特定的运行方式。（   ）

19. 对太极拳初练者只要求对动作上每个定式明确手脚的位置、方向、基本线路的运行，但在思想上要对准确性和口诀绝对重视。（   ）

20. 练习太极拳之初，要用内气来催外形。（   ）

21. 太极推手是检验拳架是否准确的一种方法。（   ）

22. 《易经》也称《周易》或《易》，是华夏五千年智慧与文化的结晶，被誉为"群经之首，大道之源"。（   ）

23. 太极以及阴阳变化的规律是古时中国人看待自然变化和事物规律的一种方式。（   ）

24. 养生，是指根据中医理论，运用调神、导引、四时调摄、食养、药养等方法的中国传统保健方法。（   ）

25. 王宗岳《太极拳论》所述练拳的阶段是"由着熟而渐悟懂劲，由懂劲而阶及神明"。（   ）

26. 中医学是经过几千年检验的具有完整理论体系的学科。（   ）

27. 膝盖功能性的疼痛可以通过降低练习频度和强度，但强调动作的准确性的方法来缓解。（   ）

28. 自我介绍是向别人展示自己的一个重要手段，自我介绍的好坏直接关系到你给别人第一印象的好坏及以后交往的顺利与否。（　　）

29. 现代体育需要依靠法制手段调整日趋复杂的体育关系，保障和促进体育事业的发展。（　　）

30. 社会体育指导员是依法开展社会体育指导工作和保护社会体育相关各方合法权益的具体操作者。（　　）

31. 社会体育指导员的认证和上岗实行职业资格证书制度。（　　）

32. 社会体育指导员国家职业标准是整个鉴定工作的技术基础，为职业教育培训工作的开展、合理利用社会体育指导员劳动资源提供重要的指导。（　　）

33. 国家职业技能鉴定工作要严格按照国家法律法规来进行，不受地方法规的限制。（　　）

34. 社会体育指导员进行的社会体育指导工作，在任何情况下，都要订立和履行体育技术合同。（　　）

35. "Body sinks" means standing up. （　　）

36. "Kick with right heel" is in Five Form. （　　）

37. When teaching new movements, the coach could say "follow me". （　　）

38. Palm up 意为"掌心向上"。（　　）

39. Jin Gang Dao Zhui requires weight on left. （　　）

40. From the Tai Chi diagram, black dot in white means that Yang exists in Yin. （　　）

二、单项选择题（每题1分，共60分，选择一个正确的答案，将相应的字母填入题内的括号中）

1. 社会体育指导员（太极拳）职业项目开发在_____通过了国家专家评审委员会评审。

　　A. 1991年　　　B. 1998年　　　C. 2011年　　　D. 2014年

2. 太极拳教练员的任职条件，主要体现在_____。

A. 通过职业资格考试和取得职业资格证书

B. 岗位职责和岗位要求

C. 热忱传播太极拳和为学员提供标准化教学及指导

D. 以上说法都不正确

3. _____不属于教练团队权限。

A. 完善教学内容的权限

B. 普及太极拳养生知识的权限

C. 对团队的管理做出科学决策的权限

D. 宣传太极文化的权限

4. 关于太极拳基础理论知识包含哪些内容的阐述不正确的是_____。

A. 熟悉太极拳的养生原理　　　　B. 熟悉太极拳的练习方法

C. 系统的了解太极拳的理论体系　D. 上课的纠正指导能力

5. _____不属于太极拳教练员形象塑造的内容。

A. 具备较高的思想道德素质

B. 具备良好的教学能力

C. 不断地加强专业技能和理论知识的学习

D. 利用形象性语言教学

6. 以下关于上课中开始阶段的描述，不正确的是_____。

A. 先行抱拳礼

B. 让学员打一套拳，作为热身运动

C. 复习调整学过的动作，让学员更深地体会准确性

D. 学习新动作

7. 对于教练员穿拳服、佩戴工作证的要求，执行的正确时间是_____。

A. 第一节课上课时　　　　　　　B. 第一节课下课时

C. 无特别规定　　　　　　　　　D. 每次上下课时

8. 下面关于太极拳起源的说法，没有历史依据的是_____。

A. 唐朝许宣平创拳说　　　　　　B. 明朝王宗岳创拳说

C. 明朝俞大猷创拳说　　　　　　D. 明末清初陈王庭创拳说

9. 以下著作中不是王宗岳所著的是_____。

A. 《太极拳论》　　　　　　　　B. 《十三势行功新解》

C. 《太极炼丹秘诀》　　　　　　D. 《打手歌》

10. 以下哪项不是陈氏太极拳的特点_____。
    A. 快慢相间   B. 缠绕螺旋   C. 不纵不跳   D. 腾挪闪战
11. 以下哪项属于太极拳民间发展现状_____。
    A. 标准化   B. 老龄化   C. 场馆化   D. 专业化
12. 目前太极拳比赛中的评判标准是_____。
    A. 长拳和体操的标准   B. 太极拳标准
    C. 武术标准   D. 广播操标准
13. 在当今的历史条件下，太极拳的发展也有其鲜明的特色，以下选项正确的是_____。
    A. 太极拳教练员的发展将更为专业化   B. 推广模式将更为标准化、产业化
    C. 太极拳发展的价值核心是养生和静心   D. 以上都对
14. "易有太极，是生两仪"出自_____。
    A.《易传》   B.《易经》   C.《道德经》   D.《论语》
15. 以下说法不正确的是_____。
    A. 从太极图中可以看出来阴极生阳，阳极生阴的变化
    B. 太极图中黑中有一白点，白中有一黑点，代表阴中有阳，阳中有阴
    C. 太极图中黑白两色代表平分阴阳
    D. 以上说法都不对
16. 关于内家拳和外家拳，下列论述正确的是_____。
    A. 太极拳是内家拳
    B. 无论内家拳还是外家拳都必须能够用于技击
    C. 内家拳直接将练气方法融入拳架之中
    D. 以上都正确
17. 太极拳的首个判定标准是_____。
    A. 是否产生内气   B. 能否技击
    C. 是否有完美的运动曲线   D. 能否体现人体的生理特点
18. 下面哪项不是太极拳六大体系的内容_____。
    A. 松沉柔和   B. 准确拳架   C. 节节贯穿   D. 虚实变化
19. 六大体系中，初学者必须牢固掌握的是_____。
    A. 太极身法   B. 手印之道   C. 虚实变化   D. 准确拳架
20. 以下对准确拳架描述正确的是_____。

A. 吻合人体骨骼最佳受力状态　　　　B. 能够保证经络畅通
C. 能产生根劲　　　　　　　　　　　D. 以上都正确

21. 经典理论上有_____的说法，很好地说明了太极拳是要有准确性的。

A. 差之毫厘，谬以千里　　　　　　　B. 一动而无有不动
C. 以形定气，以气定位　　　　　　　D. 桩步走架

22. 节节贯穿在练习太极拳中的作用是_____。

A. 产生根劲　　　　　　　　　　　　B. 提高肌肉力量
C. 在体内产生强大的内气　　　　　　D. 让身体的特定部位产生运动

23. 以下对节节贯穿描述最恰当的是_____。

A. 吻合人体骨骼最佳受力状态的拳架体系
B. 劲从脚起，发于腿，主宰于腰，形于手指，身体各关节依次而动，一动全动的特定的运行方式
C. 节节贯穿能够保证经络畅通
D. 有先后顺序的一节一节的运动方式

24. 对节节贯穿的重要性说法正确的是_____。

A. 太极拳入门基础　　　　　　　　　B. 太极拳特有的运动方式
C. 产生根劲　　　　　　　　　　　　D. 以上都不正确

25. 太极拳练习的六个阶段中，第一阶段的内容是_____。

A. 调整姿势、理解放松　　　　　　　B. 明确定势、稳固根基
C. 准确定势、充实内气　　　　　　　D. 熟料套路、明确定势

26. "套路"是指_____。

A. 每个拳架的动作要求　　　　　　　B. 每一套太极拳的风格
C. 太极拳的整套架势　　　　　　　　D. 整套太极拳的运动路线

27. "定势"是指_____。

A. 动作与动作之间的运行线路　　　　B. 每个架势的动作要求
C. 每个拳架的身体方向　　　　　　　D. 太极拳的整套架势

28. 《拳论》有云："一层深一层，层层妙无穷"结合太极拳的练习方法，可以看出这句话说明了_____。

A. 不同的阶段有不同的练习方法
B. 太极拳深奥神秘，每一层次都玄妙无比
C. 上一个定式和下一个定式之间的运行轨迹是有联系的

D. 每个阶段都比上一阶段难度要大

29. 以下对"放松"的理解，正确的是_____。
A. 吻合人体骨骼最佳受力状态的情况下，全身各部位自然协调地放松
B. 吻合人体骨骼最佳受力状态的情况下，尽量不用力
C. 太极拳练得舒服就行，就是最好的放松
D. 吻合人体骨骼最佳受力状态的情况下，调整呼吸，梢节领劲

30. 对于初学者来说，主要应侧重于_____。
A. 套路的熟练　　　　　　　　B. 方位的正确
C. 适当注意姿势的规范　　　　D. 以上都正确

31. 关于气的阐述，正确的是_____。
A. 气是构成宇宙的最基本物质　　B. 气是构成人体的最基本物质
C. 气是维持人体生命活动的最基本物质　D. 以上都正确

32. 对于太极拳产生的内气，下面说法正确的是_____。
A. 多摄入动物蛋白，就可以产生内气
B. 任何武术，坚持练习都能产生内气
C. 太极拳节节贯穿运动可以产生内气
D. 运动时配合意念，就能产生内气

33. 对于太极推手的练习，下面说法正确的是_____。
A. 要以不丢不顶为准　　　　　B. 要以把对方推出去为目的
C. 要以力气大小为准　　　　　D. 要以重心高低为准

34. 我们常说的八卦，即《周礼》的"经卦"，出自_____。
A.《易经》　　B.《山海经》　　C.《黄帝内经》　　D.《道德经》

35. 太极文化起源于_____。
A.《易经》　　B.《道德经》　　C.《太极拳论》　　D.《黄帝内经》

36. "阴阳"是古代哲学理论中用来说明一切事物内部不同属性之间的相互关系的代名词，以下对阴阳关系的阐述正确的是_____。
A. 对立统一　　B. 相互依存　　C. 相互转化　　D. 以上都正确

37. 以下关于养生的说法，不正确的是_____。
A. 养生，就是指通过各种方法颐养生命、增强体质、预防疾病，从而达到延年益寿的一种活动
B. 太极拳是养生运动中的一种

C. 调和气血也属于养生

D. 养生是对疾病的一种治疗

38. 从养生的角度看，准确的拳架最主要的作用是_____。

A. 产生内气　　　B. 提高协调性　　　C. 疏通经络　　　D. 提高腿部力量

39. 王宗岳《太极拳论》提高太极和阴阳的关系，下面说法正确的是_____。

A. 阴阳为太极之母

B. 有了阴阳，就没有了太极

C. 太极者，无极而生，动静之机，阴阳之母也

D. 以上说法都不正确

40. 中医是建立在_____的思想基础上的。

A. 望闻问切　　　　　　　　　　B. "天人合一，道法自然"

C. "精充、气足、神全"　　　　　D. "不治已乱治未乱"

41. 下面哪个不属于精的功能_____。

A. 生殖繁衍　　　　　　　　　　B. 推动作用

C. 生髓充脑、养骨、化血　　　　D. 促进生长发育

42. 下面哪项不属于六腑的范围_____。

A. 胆　　　　　B. 胃　　　　　C. 大小肠　　　　　D. 心

43. 阳经和阴经交接于_____。

A. 头面　　　　B. 胸腹　　　　C. 四肢末端　　　　D. 背部

44. 下列关于经络作用的阐述不正确的是_____。

A. 联系脏腑，沟通内外　　　　　B. 运行气血，营养全身

C. 调节阴阳，沟通天地　　　　　D. 抵御病邪，保卫机体

45. 《陈氏太极拳图说》一书中提到"骨节要对，不对则无力"，说明太极拳的练习要注意_____。

A. 伸筋拔骨使骨节松开　　　　　B. 吻合人体骨骼最佳受力状态

C. 敛气入骨，增加骨密度　　　　D. 气宜鼓荡，神宜内敛

46. 训练时如果感觉膝关节内有明显的撕裂感，这种情况应该_____。

A. 减轻练习强度　　　　　　　　B. 继续坚持锻炼

C. 降低练习频度　　　　　　　　D. 到医院进行检查和治疗

47. 以下选项中关于自我介绍的阐述正确的是_____。

A. 如果时间允许，自我介绍应尽量详细

B. 自我介绍是突出受众的一个重要手段

C. 自我介绍可以随意一点，体验课上得好才是关键

D. 自我介绍宜简短精练

48. 组织集体体验活动的人，需要至少提前_____到达活动现场，熟悉场地，做好准备工作。

　　A. 50分钟　　　　B. 40分钟　　　　C. 30分钟　　　　D. 20分钟

49. 通常我们讲的体育法制，一般是由_____制定或认可并靠国家强制力保证实施的体育法规和制度。

　　A. 国家　　　　B. 当地政府　　　　C. 当地法院　　　　D. 体育学校

50. _____是指导、规范和保障我国体育发展的重要法律，在我国法律体系中占有重要的地位。

　　A.《体育法》　　B.《宪法》　　　　C.《劳动法》　　　　D.《合同法》

51. 在《全民健身计划纲要》中，明确规定要逐步形成社会化的_____，提出了制定和实施体育社团法规制度。

　　A. 全民健身机构　　　　　　　　B. 全民健身组织网络
　　C. 全民健身制度　　　　　　　　D. 全民健身机制

52. 体育技术合同的内容由当事人约定，不包括_____。

　　A. 项目名称　　　　　　　　　　B. 技术合同
　　C. 咨询或服务的内容、范围和要求　　D. 工作条件和协作事项

53. 根据《消费者权益保护法》的规定，体育消费者在接受经营性社会体育指导服务中，主要享有的权利不包括_____。

　　A. 人身、财产安全不受损害

　　B. 知悉其购买、使用的体育商品或者接受的体育服务的真实情况

　　C. 自主选择体育商品或体育服务

　　D. 平等互利

54. 直接负责管理社会体育指导员职业资格鉴定工作的国家机构是_____。

　　A. 教育部　　　　　　　　　　　B. 人力资源和社会保障部
　　C. 体育部　　　　　　　　　　　D. 国家体育总局

55. 国家职业技能鉴定工作体系中的基层执行机构是_____。

　　A. 各大体育院校　　　　　　　　B. 职业技能鉴定所（站）
　　C. 社区工作站　　　　　　　　　D. 地方劳动与社会保障主管机关

56. "肘"在英语中的表述为：_____。

A. Zhou B. Arm C. Elbow D. Shoulder

57. "shoulder with apart"意为：_____。

A. 双脚平行 B. 与肩同宽 C. 与肩同高 D. 略高于肩

58. "沉肘"在英语中应描述为：_____。

A. Relax shoulder B. Relax elbow

C. Sink elbow D. Loose shoulder

59. "收腹下沉"在英语中应描述为：_____。

A. Relax elbow B. Draw chest in

C. Draw abdomen in D. Relax shoulder

60. Which sentence below describing Tai Chi is not correct_____.

A. Tai Chi has Yin and Yang

B. Taijiquan is one kind of boxing

C. Without Yin and Yang, it is also Tai Chi

D. Taijiquan can improve coordination between Spiritual and physical life

社会体育指导员（太极拳）（五级）理论知识试卷答案

一、判断题

1. √   2. √   3. √   4. √   5. ×   6. √   7. √
8. ×   9. √   10. ×   11. ×   12. √   13. √   14. ×
15. √   16. ×   17. √   18. √   19. √   20. ×   21. √
22. √   23. √   24. √   25. √   26. √   27. √   28. √
29. √   30. √   31. √   32. √   33. ×   34. ×   35. √
36. √   37. √   38. √   39. ×   40. ×

二、单项选择题

1. D   2. B   3. C   4. D   5. D   6. D   7. D
8. C   9. C   10. C   11. B   12. A   13. D   14. A
15. D   16. D   17. B   18. A   19. D   20. D   21. A
22. C   23. B   24. B   25. D   26. C   27. B   28. A
29. A   30. D   31. D   32. C   33. A   34. A   35. A
36. D   37. D   38. C   39. C   40. B   41. B   42. D
43. C   44. C   45. B   46. D   47. D   48. D   49. A
50. A   51. B   52. B   53. D   54. D   55. B   56. C
57. B   58. B   59. C   60. C

操作技能考核模拟试卷

注 意 事 项

1. 考生根据操作技能考核通知单中所列的试题做好考核准备。

2. 请考生仔细阅读试题单中具体考核内容和要求，并按要求完成操作或进行笔答或口答，若有笔答请考生在答题卷上完成。

3. 操作技能考核时要遵守考场纪律，服从考场管理人员指挥，以保证考核安全顺利进行。

注：操作技能鉴定试题评分表及答案是考评员对考生考核过程及考核结果的评分记录表，也是评分依据。

国家职业资格鉴定
社会体育指导员（太极拳）（五级）操作技能考核通知单

姓名：

准考证号：

考核日期：

试题1

试题代码：1.1.1。

试题名称：太极拳套路示范——五式。

考核时间：15 min。

配分：40 分。

试题2

试题代码：2.1.1。

试题名称：太极拳教学指导——五式起势。

考核时间：15 min。

配分：40分。

试题3

试题代码：3.1.1。

试题名称：太极拳教学交流艺术——抱拳礼体验课程。

考核时间：15 min。

配分：20分。

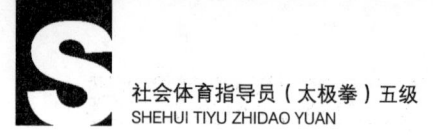

社会体育指导员（太极拳）（五级）操作技能鉴定

试 题 单

试题代码：1.1.1。

试题名称：太极拳套路示范——五式。

考核时间：15 min。

1. 操作条件

（1）标准教室一间。

（2）摄像设备一套。

2. 操作内容

背景资料：您作为一位职业的太极拳教练，请按照太极拳标准要求，示范太极拳五式全套动作。

3. 操作要求

请根据以上背景资料做以下操作：

（1）现场演示五式太极拳全套动作。

（2）要求动作示范完整、正确、到位、流畅。

社会体育指导员（太极拳）（四级）操作技能鉴定

试题评分表及答案

考生姓名：　　　　准考证号：

1. 评分表

试题名称编号			1.1.1 太极拳套路示范——五式		考核时间				15 min
评价要素	配分	等级	评分细则		评定等级				得分
				A	B	C	D	E	
1 动作示范准确	20	A	没有错误						
		B	一个动作出现错误						
		C	二个动作出现错误						
		D	三个及三个以上动作出现错误						
		E	未答题						
2 动作示范流畅	20	A	没有停顿						
		B	出现一次停顿						
		C	出现二次停顿						
		D	出现三次及以上停顿						
		E	未答题						
合计配分	40		合计得分						

考评员（签名）：

等级	A（优）	B（良）	C（尚可）	D（差）	E（未答题）
比值	1.0	0.8	0.6	0.2	0

"评价要素"得分 = 配分 × 等级比值。

2. 参考答案

（1）动作的准确性

1）脚的位置正确，膝盖对准脚尖，重心到位。

2）身体的方向到位。

3）手掌打开，方向正确，指尖方向正确。

4）按照教学要求下沉，下沉是否到位。

（2）动作示范流畅

1）动作之间先后顺序正确，连接要自然、流畅。

2）动作的转换及方向的变化要干净利落，无多余动作。

社会体育指导员（太极拳）（五级）操作技能鉴定

试 题 单

试题代码：2.1.1。

试题名称：太极拳教学指导——五式起势。

考核时间：15 min。

1. 操作条件

（1）标准教室一间。

（2）摄像设备一套。

（3）录音机一台。

2. 操作内容

背景资料：您作为一位职业的太极拳教练，请按照定式和口诀教学要求，以五式太极拳起势为例，示范定式动作并背诵动作口诀。

3. 操作要求

请根据以上背景资料做以下操作：

（1）现场演示五式太极拳起势定式动作。要求示范时，动作完整、正确、到位。

（2）现场背诵五式太极拳起势口诀。要求口诀背诵正确、无遗漏。背诵过程顺畅，没有明显停顿，无重复。

社会体育指导员（太极拳）（五级）操作技能鉴定

试题评分表及答案

考生姓名：　　　　　准考证号：

1. 评分表

试题名称编号		2.1.1 太极拳教学指导——五式起势			考核时间		15 min			
评价要素		配分	等级	评分细则	评定等级					得分
					A	B	C	D	E	
1	动作示范的准确性	20	A	各项定式没有错误						
			B	一个定式出现错误						
			C	二个定式出现错误						
			D	三个及三个以上定式出现错误						
			E	未答题						
2	口诀背诵的准确性	20	A	口诀没有错误						
			B	出现一次错误						
			C	出现两次错误						
			D	出现三次及三次以上错误						
			E	未答题						
合计配分		40		合计得分						

考评员（签名）：

等级	A（优）	B（良）	C（尚可）	D（差）	E（未答题）
比值	1.0	0.8	0.6	0.2	0

"评价要素"得分 = 配分 × 等级比值。

2. 参考答案

（1）定式的准确性

1）两脚与肩同宽、平行，双手掌背向前。

2）双手打开，与肩同高。

3）两脚与肩同宽、平行，双膝打开，双手掌心向前。

4）两脚与肩同宽、平行，双手掌心向下、指尖向前。

（2）口诀的准确性

1）继续下沉，双手手指向下穿，至膝前。

2）下沉，松肩，松肘，松手。

3）微前倾，带双手下落。

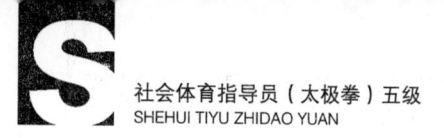

社会体育指导员（太极拳）（五级）操作技能鉴定

试 题 单

试题代码：3.1.1。

试题名称：太极拳教学交流艺术——抱拳礼体验课程。

考核时间：15 min。

1. 操作条件

（1）标准教室一间。

（2）摄像设备一套。

（3）模拟学员两名。

2. 操作内容

您作为一位职业的太极拳教练，以太极拳抱拳礼为例，为两位学员阐述抱拳礼的动作要领、文化含义以及动作准确与否的不同效果，并能指导其做到基本准确。

3. 操作要求

请根据以上背景资料做以下操作：

（1）现场阐述太极拳抱拳礼的动作要求、文化含义、产生效果并能指导学员做到基本准确。

（2）要在体验中指出两位学员在抱拳礼动作和礼仪规范中出现的问题。

社会体育指导员（太极拳）（四级）操作技能鉴定

试题评分表及答案

考生姓名：　　　　准考证号：

1. 评分表

试题名称编号		3.1.1	太极拳教学交流艺术——抱拳礼体验课程		考核时间			15 min	
评价要素		配分	等级	评分细则	评定等级				得分
					A	B	C	D	E	
1	动作要领讲解	10	A	各项要领没有错误						
			B	一个要领出现错误						
			C	二个要领出现错误						
			D	三个以上要领出现错误						
			E	为答题						
2	文化含义讲解	5	A	文化含义解释没有错误						
			B	一个文化解释出现错误						
			C	二个文化解释出现错误						
			D	三个文化解释出现错误						
			E	未答题						
3	检验方法	5	A	检验方法没有错误						
			B	出现一次错误						
			C	出现二次错误						
			D	出现三次错误						
			E	未答题						
合计配分		20		合计得分						

考评员（签名）：

等级	A（优）	B（良）	C（及格）	D（差）	E（未答题）
比值	1.0	0.8	0.6	0.2	0

"评价要素"得分 = 配分 × 等级比值。

2. 参考答案

(1) 动作要领讲解

1) 双脚并拢。

2) 右手握拳，左手立掌，左手大拇指内扣。

3) 左掌心贴右拳拳面，内旋 45°，拳心斜向下 45°角，向正前推出。

(2) 文化含义讲解

1) 右手五指握拳代表五湖，左手立掌，拇指内扣代表四海，合在一起就是五湖四海是一家。

2) 拳为武、掌为文，合在一起代表文武兼修；掌在上拳在下，代表习武先修德。

3) 拇指上翘，代表自傲、自大，所以心气上浮，立身不稳；拇指内扣，代表谦虚，身体完整一气。

(3) 检验方法

1) 右拳左掌合在一起，拇指内扣，从正前方加横向外力，力能精准的传到脚底。

2) 右拳左掌合在一起，拇指上翘，从正前方加横向外力，力不能精准的传到脚底。

3) 教练要问清楚学员动作差别的不同效果。